CARLOS COELHO

PREFÁCIO DE ARLEYDE CALDI E WILSON DINIZ

S24H

A ARTE DA SUPERAÇÃO EM 24 HORAS

ESTRATÉGIAS PODEROSAS PARA TRANSFORMAR SEUS OBJETIVOS EM REALIDADE.

Editorial

Autor
Carlos Coelho

Coordenador Editorial
Denis Duarte - @denisdu.art

Capa e Diagramação
Andrey Dantas

Fotógrafo
Vinícios Lima

Revisores
Felícia Ibiapina
Lucas S. Avelar

Colaboradores
Daniel Gonçalves
Jessika Santos

Editora Anjo | Publicação e Impressão
www.editoraanjo.com.br

Dados Internacionais de Catalogação na Publicação (CIP)
(Câmara Brasileira do Livro, SP, Brasil)

Coelho, Carlos
S24h : a arte da superação em 24 horas : estratégias poderosas para transformar seus objetivos em realidade / Carlos Coelho ; prefácio de Arleyde Caldi e Wilson Diniz. -- Natal, RN : Canal Criativo, 2024.

ISBN 978-85-9592-094-1
978-65-980433-6-0

1. Autoajuda 2. Autodesenvolvimento
3. Realidade 4. Superação 5. Transformação
I. Caldi, Arleyde. II. Diniz, Wilson. III. Título.

23-181122 CDD-158.1

Índices para catálogo sistemático:

1. Superação : Autoajuda : Psicologia aplicada
158.1

Aline Graziele Benitez - Bibliotecária - CRB-1/3129

Direito Autoral

SUMÁRIO

SUMÁRIO

SUMÁRIO

SUMÁRIO

Despertar da Superação

Caro leitor,

É com grande entusiasmo que lhe apresentamos este livro, uma coletânea de histórias inspiradoras de superação de desafios na vida pessoal e profissional, além de uma série de exercícios e atividades que ajudarão você na sua jornada de vida.

Todos nós somos desafiados constantemente por diversos fatores, e sabemos que não conseguimos ter o controle de tudo que nos afeta, mas conseguimos ser responsáveis pelo modo como reagimos aos desafios.

A história do Carlos Coelho é cheia de desafios, buscas e superações. Desde que o conheci e iniciamos nossa jornada de trabalho em conjunto foi fácil perceber sua determinação em evoluir, aprender e superar tudo que chegasse pela frente. Posso dizer, que tivemos momentos profissionais bem desafiadores, mas Carlos sempre encarou todos os desafios de frente!

Nestas páginas, você encontrará relatos, informações e exercícios para gerar em você reflexões importantes para que possam encontrar o caminho da perseverança e da resiliência, mostrando que, mesmo nas situações mais difíceis, é possível encontrar força para se reerguer e conquistar seus sonhos.

A vida é uma jornada repleta de altos e baixos, e todos nós, em algum momento, nos deparamos com desafios que parecem insuperáveis. Momentos de incerteza, fracasso, perda ou desilusão podem parecer como tempestades que nos consomem, mas é importante lembrar que, por mais sombria que seja a noite, o sol sempre retorna ao amanhecer.

Este livro é uma celebração daqueles que não se deixaram abater pelas adversidades, mas que, ao contrário, transformaram suas dificuldades em oportunidades para crescer e florescer. São para aqueles que escolheram se tornar protagonistas de suas próprias histórias e que aprendem a transformar cada dificuldade em uma chance de aprendizado e crescimento, desafiando suas próprias limitações e se reinventando em busca de uma vida mais plena e significativa.

Como seres humanos, somos dotados de uma incrível capacidade de resiliência. Podemos nos adaptar, aprender, crescer e nos reinventar de maneiras notáveis. Ao nos conectar com essas histórias de superação, esperamos que você sinta o poder que reside dentro de si, a chama inextinguível da esperança e da determinação.

Este livro é uma homenagem à força do espírito humano e um lembrete de que, mesmo nas circunstâncias mais adversas, há sempre uma oportunidade de crescimento e transformação. Que estas páginas o inspirem a abraçar seus desafios como oportunidades para se tornar a melhor versão de si.

A jornada da superação começa agora. Abrace-a com coragem, empatia e determinação, e descubra à sua maneira de superar.

Boa leitura!

Wilson Diniz
Vice-Presidente Ensino Digital da Cruzeiro do Sul Educacional

Tempo e Superação

É noite de lua cheia e cá estou escrevendo o prefácio do livro de Carlos Coelho, um ser incrível que compartilha comigo uma grande amizade que tem nome: Pedro Cler.

E o que tem a lua a ver com a obra? Tudo. O livro apresenta como tema a superação, mas possui uma linguagem que instiga o próprio leitor a construir a sua jornada. E o que é superação se não o se sentir pleno e com sua história totalmente visível após tantas fases na vida: a minguante, a que cresce, aquela fase nova, mas que desbota... Depois de uma guinada de 180 graus, com bastante movimento, você se sente iluminado e realizado. E se opõe ao Sol em relação à Terra. A analogia te diz algo?

Ao ler o livro de Coelho, que possui uma temática tão oportuna e debatida nos dias atuais, a SUPERAÇÃO, mas com dinâmica diferente do gênero, você vai entender o que é ser protagonista de sua própria história. E para tal, o TEMPO é um fator determinante.

Em um dos manifestos do livro, ele declara:

"Acredito no tempo. Acredito no meu tempo. Acredito que a vida se desenvolve através da gestão do meu tempo, da minha prioridade e no meu modo de enxergar a evolução.

O tempo promove ensinamentos todos os dias, e nele serei capaz de me entregar e evoluir, pois nele que eu acredito. Acredito em mim. Acredito na minha história. Minha superação é incentivada na realização do meu desejo genuíno.

Com ele criarei o empoderamento e serei a conexão de manifestações extraordinárias em mim e nas pessoas ao meu redor.

Eu sou o que sou. Eu sou o meu tempo. Sou a superação do ontem, do hoje e do amanhã.

Ninguém será capaz de diminuir o meu desejo de superar, pois só eu sei o sentido desta realização..."

Saber o que te motiva. Eis a questão.

Édith Piaf, cantora e compositora francesa, tem uma das histórias mais dramáticas de estrelas da música. Filha de acrobata e cantora de cabaré, foi abandonada pela mãe, criada às vezes pelas avós e outras pelo pai, perdeu fatalmente grandes amores, amigos, foi envolvida em escândalos, mas sempre acreditou no seu sonho e sabia que a música era o que a motivava. Tornou-se uma artista mundialmente conhecida e imortalizou a sua obra.

Superou! Superou acima de tudo preconceito, dores e amores. E você? O que pretende superar? Através da dinâmica deste livro, conte também a sua jornada. Afinal, "la vie em rose".

Arleyde Caldi
Jornalista e CEO da Caldi Comunicação

Agradecimentos

Durante minha jornada, muitas pessoas contribuíram para minha trajetória pessoal e profissional. Para a construção desta obra, não foi diferente.Minha eterna gratidão aos meus pais, que me proporcionaram a oportunidade de viver este momento, em especial à minha mãe, Neuza, que sempre me incentivou a lutar pelos meus sonhos, independentemente do tamanho deles, pois, na concepção dela, sonhos são sonhos, mas a construção deve ser sempre pautada em minha verdadeira essência como ser humano.

À minha tia Rosi, que sempre foi minha referência de uma profissional dedicada e empreendedora. Aos meus irmãos, Alexandre, Rodrigo e Thais, pelo amor, apoio e torcida em toda minha trajetória. Aos meus sobrinhos, que me ensinam a cada dia uma lição, ao entender suas fases e personalidades, sempre pautadas no respeito e no amor pelo próximo.

Profissionalmente, fui influenciado por diversos líderes em minha vida que, como foco da gestão, colocam o ativo mais importante de uma empresa: as pessoas. Meus sinceros agradecimentos ao meu mentor e amigo, Wilson Diniz, a quem devo muito por tanto ensinamento, orientação, apoio e amizade.

A Arledy Caldi, que abraçou a proposta desta obra com tanto amor, empatia e carinho. Ao meu amigo Pedro Cler, que me apoiou e inspirou com ideias e conexões para a vida para este livro.

Meus agradecimentos a todos os meus amigos e colegas de trabalho que, de alguma forma, me inspiram a buscar a minha evolução como pessoa e como profissional todos os dias.

E, por fim, a você que está lendo esta obra, por me deixar contribuir de alguma forma com o seu crescimento, evolução e superação, minha eterna gratidão.

Carlos Coelho

"A melhor maneira de ensinar algo a alguém é permitindo que essa pessoa aprenda por mesma."

Carlos Coelho

Introdução

A nossa vida é feita de inúmeros quebra-cabeças, e as peças são as escolhas que fazemos. Como a vida é uma série de escolhas, estamos sempre montando esses quebra-cabeças.

Pare um momento e observe o ambiente ao seu redor. Observe onde você está lendo a introdução deste livro? Agora, faça uma reflexão sobre o que aprendeu ao longo da vida. Pense também como são seus relacionamentos, seu trabalho, sua saúde e a sua forma de ganhar dinheiro. Essas coisas são o resultado das escolhas que você fez de forma consciente ou não.

É verdade que às vezes parece que não tínhamos opção. Por exemplo, normalmente ninguém escolhe o "chefe" ou colegas de trabalho. Mas como lidamos com eles é uma escolha nossa.

Já parou para pensar se pudéssemos ver o resultado antes de todas as peças serem encaixadas? Seria extraordinário. Acredito que evitaríamos tantas desilusões, sofrimentos e ainda poderíamos nos prepararmos para uma vida mais leve e feliz. Se pudéssemos, certamente faríamos escolhas mais cuidadosas e planejadas.

Este livro vai ajudá-lo a criar um plano para montar um quebra-cabeça desafiador. Você decide o que ele vai mostrar. Pode ser algo que você quer ter, uma habilidade que quer aprender ou um problema que precisa superar após passar por algo difícil em sua vida. Durante esse processo você irá se surpreender com sua garra, com sua força interna e sua forma de agir. Será uma imersão interna que arrisco a dizer que você nunca sentiu antes em sua vida. Não importa quantas peças ele tenha ou quanto tempo você levará para montá-lo. O importante é você saber que a partir de agora a única certeza que você tem é a sua decisão de se entregar para esse mundo novo. Um mundo cheio de estratégias que só você terá para caminhar e atingir seus objetivos. Basta acionar aquele botão que você sabe que está aí dentro de você: o da coragem, do foco e da determinação, e imaginar o seu objetivo já realizado.

Mas não pare por aí. Pense não só em alcançar seu objetivo, mas em superá-lo completamente. Se estamos usando nossa imaginação, por que devemos nos contentar com pouco? Superar não é só conquistar algo. É mais do que isso. É ir além do que você achava que não podia fazer, é entender o real sentido e isso pressupõe elevar-se e ajudar os outros a fazerem o mesmo.

Ler este livro será mais assertivo e estratégico na busca da sua superação se você tiver uma ideia clara do quebra-cabeça que vem evitando ou ignorando. Então, com base no que acabou de ler, quero convidar você para trabalhar esse desafio neste livro, e te pergunto, qual desafio você quer superar?

Escolha um desafio que queira superar e trabalhar durante os exercícios do livro.

Lembre-se, o quanto você consegue fazer depende da clareza com que você vê o que quer e do esforço que está disposto a aplicar. E isso deve ser algo que você pode alcançar. Algo que ajude os outros também.

O Método S24H

A frase no início desta introdução foi escrita por mim, mas resume ideias que aprendi com grandes pensadores. O filósofo chinês Lao Tzu (570 a.C. - 471 a.C.) acreditava que aprender com nossos erros nos dá um entendimento mais profundo e verdadeiro. Sócrates (470 – 399 a.C.), um grande pensador da Grécia Antiga, tinha um método de ensino chamado "maiêutica" que ajudava as pessoas a chegarem às suas próprias conclusões. O educador e filósofo Paulo Freire (1921-1977) também defendia a ideia de criar oportunidades para as pessoas aprenderem por si mesmas[1].

Ao ler este livro, você vai aprender a criar um caminho para superar seu próprio desafio. Você pode ler o livro e fazer as atividades em apenas 24 horas. Isso vai depender do seu tempo e de quanto esforço você quer colocar. Mas é importante descansar também. Vá no seu próprio ritmo.

Para começar, você vai definir seu desafio e conhecer o método que vamos usar. Depois, no Marco Zero, você vai aprender novas ideias que o ajudarão a começar essa jornada. O livro é dividido em quatro partes, e cada parte tem três capítulos. Ao longo dos doze capítulos, você vai ganhar as ferramentas que precisa para montar um plano de ação e superar seu desafio.

Considerando uma dedicação de duas horas para cada um dos doze capítulos, incluindo leitura e aplicação dos conceitos, você conseguirá esboçar um caminho definido para percorrer em um total de vinte e quatro horas. Esse percurso é o pano de fundo da sua transformação, ou melhor, arte da sua superação.

---

[1]FREIRE, Paulo. Pedagogia da Autonomia: Saberes Necessários à Prática Educativa. 25. ed. São Paulo: Paz e Terra, 2002.

Cada seção do livro aborda um aspecto fundamental da superação. Este é um ciclo que nos conduz a feitos extraordinários. Foi desenvolvido a partir de muitas observações sobre como as pessoas enfrentam e superam seus desafios. A esse processo cíclico, eu dei o nome de SPAR, um acrônimo que será explicado em detalhes a seguir:

SIGLA	SGNIFICADO	CONCEITO
S	SENTIDO	Efeito desse resultado na sua vida
P	PERCEPÇÕES	O que você acredita
A	ATITUDES	Focando em ações direcionadas
R	RESULTADOS	Resultado desejado

Não é necessário entender tudo de imediato. Você está apenas no começo de uma jornada. O ponto vital desta introdução é dar uma olhada inicial no método e, mais importante, definir um objetivo claro - em outras palavras, visualizar com clareza o quebra-cabeça que simboliza o seu alvo. Isso pode representar um momento decisivo para você, como foi para muitos outros cujas histórias estão contidas neste livro. Eu condensei os princípios em um processo simples e prático, e os apresento nesta obra.

Ao continuar com o seu desafio em mente, você assegura que o tempo gasto nesta leitura será gratificante. Falaremos mais sobre isso no Marco Zero, logo após você redigir sua "Carta da Superação". Nos vemos em breve.

Carta da Superação

Convido você a redigir a sua CARTA DA SUPERAÇÃO. Este exercício, revelador e desafiador, envolve expressar o que realmente ressoa com você no presente, relacionado aos desafios em sua vida que precisam ser superados.

Na carta, é crucial que você inclua de maneira sincera a sua verdadeira intenção de empregar as ferramentas fornecidas pelo S24H em sua trajetória.

Para ajudá-lo, vou incentivá-lo a responder às seguintes perguntas, que podem guiar a criação do seu texto.

Sugiro que leia e releia a carta quantas vezes for necessário para assegurar que ela reflita todos os seus pensamentos e emoções sobre o propósito da superação.

Escreva sua CARTA DA SUPERAÇÃO na página seguinte, respondendo às cinco perguntas descritas a seguir:

► 1. Em qual aspecto da minha vida estou comprometido a superar desafios (carreira, relacionamento amoroso, vida pessoal, educação)?

Quanto mais específica for a sua resposta, mais clara será a definição da sua intenção.

► 2. Quais serão as três alterações mais impactantes que ocorrerão na minha vida ao alcançar esse nível da superação?

► 3. Quando pretendo realizar essa superação? Como será a minha realidade quando essa meta for alcançada?

Seja meticuloso, fornecendo pormenores concretos, como data, local, condições do tempo e outros elementos que considere pertinentes neste instante.

► 4. Quem eu desejaria que estivesse comigo neste momento triunfal, e o que essa pessoa diria ao olhar profundamente em meus olhos? Como eu me sentiria nessa hora?

► 5. Qual será a minha fala quando eu alcançar a superação?

Depois de escrever esta carta, coloque-a ao lado da sua cama e releia-a todas as noites antes de dormir e todas as manhãs ao acordar, até que você alcance a sua superação.

“A diferença entre o meu tempo e o seu reside na prioridade que escolhemos.”

Carlos Coelho

Marco Zero

O que é mais valioso na sua vida? Algumas pessoas respondem a esta pergunta de imediato, enquanto outras podem precisar de um momento para refletir. As respostas podem variar desde conquistas materiais até relações significativas. Contudo, se o **tempo** não estiver na sua lista de coisas valiosas, eu sugeriria reconsiderar.

Em meio a vidas atoladas em rotinas agitadas, é claro que, na juventude e no início da vida adulta, a reflexão sobre o tempo é frequentemente deixada de lado. Porém, à medida que acumulamos mais experiência, começamos a apreciar mais os momentos que optamos por viver. Esta é uma observação pessoal e, por isso, convido você a ponderar sobre onde se situa nesse contexto.

Você domina o tempo ou é dominado por ele?

Para responder a essa pergunta de forma precisa, é necessário entender dois conceitos distintos dessa mesma palavra. Originários da Grécia Antiga, os termos **Chronos** e **Kairós** representavam ideias diferentes de tempo.

Chronos (*khronos*) é a medida quantitativa do tempo, a qual se manifesta em dispositivos como relógios, celulares ou calendários. A que horas você geralmente acorda para começar as suas atividades do dia? Isso é o que denominamos de tempo cronológico.

É crucial ter um conceito de tempo definido como ponto de referência, pois é fundamental para determinar a sequência de eventos e a duração de cada um deles. Com essa finalidade, utilizamos unidades de medida de tempo, tais como segundos, minutos, horas, dias, semanas, meses, anos, décadas, séculos, milênios, e assim por diante.

Na mitologia grega, Chronos era o deus do tempo, muitas vezes representado como um ancião com uma foice, simbolizando o ciclo inescapável da vida e da morte.

Por outro lado, Kairós (*kairos*) está relacionado à nossa percepção do tempo, não podendo ser medido com exatidão, já que é moldado pelas nossas emoções e vivências. Lembre-se dos momentos alegres que você viveu com uma pessoa querida. Pareceu que o tempo voou, não é mesmo? isso ilustra o que chamamos de ***subjetividade do tempo.***

Vejamos outro exemplo: pense em um grande feito que você não só alcançou, mas superou com distinção. Durante essa vitória, você foi reconhecido, talvez através de uma medalha, elogios ou uma profunda realização pessoal. Nesse ponto alto, é bem possível que o tempo tenha parecido desacelerar ou até parar, permitindo que você saboreasse completamente aquele instante. Isso é Kairós.

Na mitologia grega, Kairós é representado como um jovem com uma mecha de cabelo na testa, simbolizando a importância de agarrar oportunidades no momento certo, antes que elas escapem.

Agora, você tem ferramentas para refletir sobre sua relação com o tempo. Em um cenário cheio de responsabilidades, pressões e distrações, você gerencia sua interminável lista de tarefas ou sente que ela controla você?

O significado do seu tempo é moldado pela sua prioridade. Às vezes, a prioridade pode estar ligada à sua fonte de renda. Em outros momentos, pode ser o desenvolvimento pessoal, como quando você está lendo este livro. Família, amigos, lazer, estudos e todas as outras responsabilidades precisam encontrar seu lugar no seu tempo cronológico (Chronos). Contudo, é vital que você nunca negligencie o seu momento oportuno (Kairós) - esse é o desafio que este livro propõe.

Ao optar por encarar o desafio proposto no começo desta jornada, você mostrou coragem, comprometendo-se a esboçar, nas 24 horas do Chronos, o trajeto que o levará à ação no Kairós.

Para tal, permita-me expandir sua compreensão do conceito de Kairós. Quando o tempo parece voar ou quando sentimos uma desaceleração durante momentos de alegria, estamos experimentando a subjetividade do tempo. Contudo, Kairós não se manifesta apenas em picos de felicidade. O contentamento também pode ser encontrado durante a jornada.

Há tarefas que podem exigir um esforço significativo, mas, se você está progredindo na superação do seu desafio, o Chronos se torna um mero detalhe na execução do seu plano. Essa tarefa se transforma em mais um passo rumo ao objetivo que você estabeleceu. Comemore cada vitória, pois cada uma delas o aproxima da superação mencionada no começo deste livro. Celebre!

A verdadeira grandeza

Muhammad Ali, um dos maiores boxeadores de todos os tempos, acreditava que falar sobre sua grandeza ajudava a torná-la realidade. "Eu sou o maior", ele repetia momentos oportunos. Contudo, não foi somente por si próprio a luta de Ali. Ele se tornou uma figura icônica por utilizar sua fama para se posicionar em questões sociais e políticas.

Ali é um exemplo poderoso de como a verdadeira grandeza transcende as conquistas pessoais e se enraíza em contribuições para um bem maior. Assim como Ali, muitas pessoas notáveis ao longo da história não se limitaram a superar desafios pessoais; elas também usaram suas jornadas e suas vozes para promover mudanças, influenciar positivamente a vida dos outros e enfrentar injustiças.

Quando falamos de superação no contexto deste livro, é essencial reconhecer que a jornada da superação vai além de alcançar metas pessoais. Envolve também a influência positiva que você pode exercer em sua comunidade e o legado que você deixa para as gerações futuras. A verdadeira grandeza, como demonstrado por figuras como Mandela, Gandhi, Madre Teresa de Calcutá, Ayrton Senna e até mesmo os heróis não celebrados em nossa vida diária, muitas vezes emerge dos sacrifícios feitos não para benefício próprio, mas para o bem maior.

Ao refletir sobre a sua própria "Carta da Superação", pense em como suas ações e as superações que você busca podem ressoar além de sua vida pessoal. Considere como, ao alcançar seus objetivos, você pode contribuir para o mundo ao seu redor. Isso não diminui a importância dos seus desafios pessoais, mas os coloca em um contexto mais amplo de contribuição e altruísmo.

A jornada em direção à superação e à grandeza verdadeira muitas vezes exige coragem para enfrentar adversidades, resistência para manter-se firme em seus princípios e a compaixão para entender que nossa humanidade compartilhada é mais significativa do que nossas conquistas individuais. Como Muhammad Ali, encontrar o seu mantra ou sua declaração de intenção pode ser um passo poderoso. No entanto, suas ações e a capacidade de se manter fiel aos seus princípios, especialmente nos momentos desafiadores, é o que irá definir sua verdadeira grandeza.

Você já teve a chance de aprender com professores que não apenas o inspiraram, mas também criaram um ambiente de aprendizado seguro e acolhedor? Se a resposta for sim, esses educadores marcaram sua vida com sua grandeza, e você, sem dúvida, os admira por suas conquistas. Da mesma forma, a grandeza parental se revela quando seus filhos crescem para se tornar adultos independentes e bem-sucedidos, ancorados em sólidos princípios éticos e morais. Confie nisso, mesmo que inconscientemente, as personalidades mais extraordinárias carregam um conjunto de ***crenças e valores enraizados*** em seu ser. Foram esses princípios que os sustentaram, mesmo nos momentos mais árduos.

Devido à importância desses princípios fundamentais para o sucesso, documentei a perspectiva daqueles que reconhecem a importância de seu tempo pessoal, do crescimento contínuo e da paixão autêntica durante a execução do plano que os leva à superação.

Esta visão vai além de uma simples ideologia; trata-se de um manifesto cuja influência é diretamente proporcional ao seu comprometimento nesta jornada. Se você se encontrar em um ambiente adequado, considere proclamar em voz alta o 'Manifesto' a seguir, permitindo-se ouvir e sentir suas próprias palavras. Revisite este texto quantas vezes for necessário para assimilar totalmente a essência do S24h.

MANIFESTO

4H

Manifesto S24H

Eu acredito.

Acredito no tempo. Acredito no meu tempo.
Tenho convicção de que a vida se desenrola por meio
da administração do meu tempo, da minha prioridade
e da forma como percebo o meu progresso.

Cada dia, o mundo oferece lições e nele encontro a capacidade de me entregar e crescer, porque eu acredito nele. Acredito em mim mesmo. Acredito na minha jornada. Acredito na minha capacidade de superação.

A superação ganha força quando estou alinhado com meu desejo mais autêntico. Nesse processo, fortaleço meu poder pessoal e me torno um catalisador de manifestações extraordinárias nas pessoas ao meu redor.

Eu sou quem sou. Sou um reflexo do meu tempo. Supero os
desafios de ontem, de hoje e do amanhã.

Ninguém pode diminuir minha vontade de superação,
pois apenas eu compreendo plenamente o sentido
dessa realização. Só eu sinto a intensa emoção
positiva que isso me proporciona.

Eu represento meu tempo. Eu sou quem sou.
E estou em constante movimento.
Eu sou quem sou.
Sou S24H.

Carlos Coelho

SEÇÃO 01

SEN

TIDO

Frutas, sonhos e liberdade

Minha trajetória pode ser traduzida como uma extensa e árdua caminhada, na qual o comprometimento e esforço empregados têm um único propósito: alcançar a liberdade.

Cresci na periferia de Belém, no Estado do Pará, e com minha família, dedicamos nossos esforços como feirantes. Minha função consistia em trabalhar em uma barraca de frutas, contribuindo na compra, transporte e organização de tudo o que era vendido na banca.

A visão de futuro da minha irmã Valéria parecia distante para mim, até que, por meio de seu empenho nos estudos, ela enxergou uma chance de deixar para trás a agitação da feira e ingressar na rotina administrativa de um escritório de contabilidade.

A busca por uma vida melhor me fez perceber que o esforço realizado em uma tarefa, quando aplicado com planejamento, foco e energia, pode realizar sonhos. Mantendo a ideia de liberdade em nosso horizonte, Valéria e eu optamos por fundar uma escola técnica.

Crescemos e amadurecemos durante esse processo. Foram anos dedicados à manutenção da estrutura, carregando cadeiras para as salas de aula, contratando professores e garantindo qualidade para os alunos.

Dessa forma, aprimoramos o propósito que nos motivava: a educação. Só percebi isso plenamente durante uma cerimônia de formatura em pedagogia, quando testemunhei uma mulher subir ao púlpito. Ela havia tentado se matricular várias vezes, e em seu discurso como graduada, recordou uma frase que eu lhe disse: "Um dia você se tornará uma pedagoga formada, sua vida vai mudar, e estarei lá para testemunhar isso". Fiquei emocionado ao ver essa profecia se tornando realidade graças à minha persistência e ao comprometimento da graduada.

Mas nem tudo são flores. O período da pandemia foi repleto de desafios que colocaram à prova o propósito da minha jornada. Testemunhei pessoas próximas a mim enfrentando falências, e minha mãe ficou impossibilitada de trabalhar. Encontrei-me de volta ao meu antigo posto na feira em plena crise mundial da COVID-19. Inconscientemente, permiti que o medo tomasse conta de mim.

O ponto da virada aconteceu graças ao meu amigo, Carlos Coelho. Ele foi um suporte gigantesco durante esse período difícil. "Cadê o Alvarenga? Aquele cara foda que eu conheço? Não importa o que estejam enfrentando, estamos aqui para apoiar e ajudar vocês, que sempre estiveram conosco. Estamos nessa jornada juntos!" – declarou Carlos. E sim, eu escolhi acreditar. Levantei-me e retomei a luta.

O resultado? Quase quinze polos de educação à distância em pleno funcionamento, com mais de sessenta colaboradores, realizando o sonho do ensino superior para milhares de estudantes. Agora, tenho a liberdade de explorar diversos Estados brasileiros e posso proporcionar à minha família o conforto que sempre desejaram. A missão foi cumprida com um sentido muito claro em mente.

Stanley Alvarenga

Capítulo 01

O SENTIDO DA SUPERAÇÃO É PARA FRENTE

"Não há sucesso sem comprometimento, e nenhum comprometimento sem resultado."

(Arnold H. Glasow)

Já se passaram vinte anos desde o início da minha carreira na área da educação. Durante esse tempo, colaborei em diversos projetos e com gestores de empresas, tanto pequenas quanto grandes instituições renomadas no Brasil e no exterior. Desde a minha estreia, uma constante se manteve ao longo dessas duas décadas e seguirá relevante enquanto existirem negócios: ***a busca por resultados***.

Acionistas, motoristas, padeiros, organizações não governamentais, investidores, agricultores, colaboradores – todos compartilham a mesma busca por resultados em suas respectivas atividades. Podemos caracterizar essas aspirações como "números positivos".

Em geral, as pessoas são impulsionadas por metas predefinidas. Na escola, os alunos são incentivados a buscar notas excelentes. No mundo dos esportes, os atletas almejam a vitória em competições. Nas empresas, os gestores trabalham para garantir a sustentabilidade dos negócios. Bem, podemos aplicar essa ideia a diversos contextos diferentes, e é evidente que essa busca por resultados motiva as pessoas e, metaforicamente, impulsiona o mundo.

Os objetivos nos são apresentados, quer sejam estabelecidos por nossa própria determinação, quer por figuras influentes em várias áreas de nossas vidas. No entanto, raramente se aborda a ideia de superar os resultados. São poucos aqueles que se sentem capacitados para ir além dos objetivos estabelecidos, buscando resultados extraordinários, seja na escola, no esporte, no mundo empresarial ou na esfera pessoal.

Alcançar o resultado estabelecido é delicioso, trazendo consigo uma sensação de missão cumprida. Mas a superação, meu caro, é ainda mais saborosa. Quando você percebe que ultrapassou as expectativas, é como se o tempo congelasse, permitindo que você saboreie um resultado que não apenas alcançou, mas superou.

A superação é uma variável limitada apenas para aqueles que se apegam às mesmas ações. O resultado está sempre presente, é constante. Imagine alguém que definiu o objetivo de perder quatro quilos e, de fato, começou uma dieta, perdendo um quilo no primeiro mês. No entanto, depois voltou aos seus antigos hábitos alimentares e, em apenas duas semanas, ganhou dois quilos. Houve um resultado nesse cenário? Sim, claro. A pessoa ganhou um quilo a mais do que o peso original, resultando em um novo total de cinco quilos a perder, caso o objetivo seja renovado nos mesmos termos.

Não existe uma fórmula pronta para alcançar e superar seus objetivos. As chamadas "fórmulas de sucesso" vendidas por falsos gurus podem enganar muitas pessoas em busca de resultados rápidos e fáceis. O máximo que um mentor pode fazer por você é mostrar padrões e sugerir um caminho, que é precisamente o que busco fazer neste livro. Uma vez que ninguém conhece seu contexto melhor do que você, o ideal é que você seja o responsável por definir as etapas desse percurso. Esta é uma jornada única e pessoal que ninguém, exceto você, pode percorrer.

Essas observações são essenciais para entender que uma vida equilibrada não está pronta, mas sim em processo de construção. Um relacionamento leve não surge instantaneamente, ele é construído ao longo do tempo. O equilíbrio emocional não se manifesta de forma imediata, requer construção. Nenhuma das grandes instituições nas quais trabalhei alcançou referência internacional rapidamente. Tudo é construído olhando para o futuro, e é durante essa jornada que evoluímos como seres humanos.

A tão sonhada plenitude

As gavetas das nossas memórias estão repletas de álbuns. De tempos em tempos, nos pegamos examinando fotografias de eventos que ocorreram no passado, mas que agora ressurgem como aprendizados, marcas, lembranças ou até mesmo feridas emocionais.

Enquanto crescemos, os momentos de nostalgia são mais frequentes. Talvez pela nossa atitude do presente comparada a reações que tomamos (ou que poderíamos ter tomado) quando tínhamos menos experiência de vida. Bom, se dividirmos a vida em quatro fases, é importante considerar o nosso modo de ver o mundo em cada uma delas. Seriam, então: ***infância, adolescência, juventude e fase adulta***. Cada fase importante na construção do "eu".

Quando eu era criança, costumava ser hiperativo e observador. Mesmo em minha agitação, absorvia mentalmente várias situações. Recordo-me vividamente de detalhes, lugares, pessoas, aromas, sabores e emoções que experimentei naquela época.

Durante a minha adolescência e juventude, passei por inúmeros instantes que eu rotulava como "agora ou nunca", nos quais o "agora" não levava em consideração as consequências futuras. Ao atingir a fase adulta, lanço um olhar retrospectivo e reflito com um toque de humor acerca das minhas impulsividades. É através dessa perspectiva despreocupada que almejo alcançar a totalidade da maturidade. Entendo que essas ponderações são comuns entre pessoas experientes. Outro consenso entre todas as fases é a busca pelo preenchimento de um espaço vazio interno, ao qual eu denomino como plenitude.

Escrevemos nossa história nas etapas anteriores e ainda continuamos a fazê-lo até o momento. Como autores de nossa própria história, temos a liberdade de escolher o cenário, os personagens e até mesmo a trilha sonora. Nesse enredo, o protagonista vive diversos conflitos em sua jornada rumo ao nível mais profundo do viver: a tão sonhada ***plenitude***.

Sim, a plenitude existe. E não reside no acúmulo de bens materiais ou qualquer outra conquista individual. A verdadeira plenitude se manifesta quando observamos o ambiente à nossa volta e testemunhamos pessoas vivendo de maneira mais satisfatória devido à nossa própria existência.

Para ser agente de transformação, impactando positivamente a vida de outras pessoas, não é preciso ser rico. É verdade que o dinheiro pode ser uma ajuda crucial em casos de extrema necessidade. No entanto, tenho observado que, mesmo em situações que requerem suporte financeiro, são os ***gestos carregados de humanidade*** que se revelam mais significativos e transformadores. Fazem diferença abraços aconchegantes, olhares empáticos, sorrisos amigáveis, palavras de conforto e elogios sinceros. Busque compreender a situação na qual a pessoa que você deseja auxiliar se encontra. Compreender suas necessidades e agir sem fazer julgamentos.

A importância do sentido para seguir

Você já teve aqueles dias em que cancelou todos os planos ou rejeitou outros compromissos só para dedicar tempo a uma conversa? Isso poderia ter sido com alguém com quem você deseja construir um relacionamento, ou talvez com um médico excepcional com uma agenda concorrida. Também é possível com um cliente, fundamental para concluir um grande negócio. Enfim, todos nós já deixamos tudo de lado para priorizar uma pessoa em certos momentos da nossa vida. Neste cenário, dizemos que estamos totalmente ***engajados***.

O engajamento pode ser medido pelo nível de envolvimento que uma pessoa demonstra e age. Certamente, isso pode ocorrer em um encontro especial, mas também se aplica a um compromisso com uma causa ou instituição. Assim como Chronos, o engajamento tem seus indicadores que podem ser quantificados e avaliados. O tempo de permanência, a frequência das interações, os compartilhamentos e os comentários representam indícios de que alguém está engajado em uma determinada atividade.

São exemplos de engajamento:

- Um funcionário que dá o melhor de si para concluir uma tarefa importante para a empresa.

- Um voluntário que dedica seu tempo livre para ajudar uma instituição de caridade.

- Um leitor que registra a imagem do seu quebra-cabeça desafiador na introdução do livro S24H.

- Um seguidor de uma marca que interage com suas postagens e compartilha o conteúdo do seu perfil nas redes sociais.

- Um membro de uma comunidade que participa ativamente de discussões, eventos e projetos.

- Um fã de um artista que segue sua carreira, comparece a shows e consome seu conteúdo.

De maneira geral, o envolvimento é considerado um sinal positivo, já que reflete o interesse e a motivação das pessoas em participar ativamente de algo, o que é fundamental para alcançar os objetivos estabelecidos por você mesmo.

Você sabe qual é ***o segredo do engajamento?*** Direto ao ponto: é o significado que as metas desejadas têm para você mesmo. É uma questão de percepção.

É neste ponto que o engajamento se entrelaça com as diferentes etapas da vida, a busca pela plenitude e as expectativas acumuladas, todos ganhando relevância na forma como percebemos e atribuímos valor às nossas atividades. Esses fatores influenciam na sua visão de mundo. O valor atribuído a aspectos como relacionamentos, família, fé, carreira e lazer, dependerá diretamente da quantidade de tempo investida em cada uma dessas áreas.

Quanto maior o envolvimento emocional, maior o engajamento. Neste contexto, surgem dois desafios:

- E se eu não possuir um vínculo emocional com a atividade que exige engajamento?

- E se o meu envolvimento emocional com a atividade que demanda meu comprometimento for negativo?

No primeiro caso, basta desenvolver uma conexão emocional, e isso é possível em três passos:

1. Encontre um propósito: é possível que ao definir a sua imagem no quebra-cabeça, você atribua a isso um sentido particular. Atividades que promovem o progresso pessoal e o amadurecimento amplificam a ligação emocional.

2. Vincule a atividade aos seus princípios pessoais: esta obra o guiará nessa tarefa. Caso estejam em sintonia com sua meta, o envolvimento surgirá como um desdobramento natural.

3. *Crie hábitos:* inicialmente, a repetição da atividade direcionada ao seu objetivo pode parecer desafiadora, mas à medida que a prática se torna mais frequente, você cultivará uma sensação de rotina e familiaridade. Isso, por sua vez, resultará em um aumento do seu nível de envolvimento.

Agora vamos ao segundo caso, ***quando o envolvimento emocional é negativo***. Bom, isso ocorre quando discordamos de algo. Por exemplo: considere uma situação em que uma empresa emprega o indivíduo chamado João com o propósito de comercializar cursos técnicos em uma pequena cidade situada no interior de São Paulo (caso você se chame João, esta ilustração não tem relação contigo, claro). Nesta localidade, recém-chegada pelo João, existe uma significativa procura pelo curso que lhe foi incumbido de promover.

O líder direto de João (não gosto da palavra "chefe") passa uma meta de ***cem novas vendas em um prazo de sessenta dias***, pois é o período que seu superior tem para consolidar a abertura da franquia, fazer a contratação de professores e programar os espaços para a realização do curso naquela localidade.

No cenário acima, questionamentos podem surgir na mente do João: ***"Meu Deus, CEM novas vendas? Como farei isso em APENAS sessenta dias? É um prazo tão curto. E se eu NÃO conseguir alcançar essa meta? E se isso resultar em minha DEMISSÃO?"***

A mente dele ficará transtornada pensando apenas nessas hipóteses, gerando ainda mais inseguranças e incertezas. Essas suposições fornecem um terreno fértil para o surgimento da ansiedade, do catastrofismo e do medo. Isso pode resultar em um desfecho que se diferencia das expectativas de João e, ainda mais significativamente, das expectativas da empresa contratante.

Então, como podemos mudar nossa abordagem para não apenas atingir, mas superar o resultado desejado? A resposta é simples: ***ressignificando***.

A ressignificação nos permite mudar como vemos nossas experiências pessoais, nossos relacionamentos e nosso entendimento do mundo. Ao fortalecer nossas crenças internas, nos capacitamos a adotar atitudes e realizar ações que nos conduzirão aos resultados desejados.

Além de ressignificar nossas experiências, é crucial reconhecer que o verdadeiro engajamento muitas vezes se segue ao compromisso. Se você assumiu essa responsabilidade, siga em frente. Este é o sentido da superação. Na citação que inaugura este capítulo, Arnold H. Glasow declara que o compromisso desprovido de resultados é inexistente. Assim, ao buscar a superação e alinhar nossa dedicação com esse objetivo, encontramos um engajamento mais profundo e significativo, fortalecido pela ressignificação de nossas experiências.

Capítulo 02

O VALOR POR TRÁS DA SUPERAÇÃO

"Posso passar por cima do meu orgulho e da minha vaidade, mas nunca por cima dos meus valores".

(Mônica Liberato)

Como seria o mundo se ninguém se importasse com o bem-estar dos outros? Se essa ideia parece perturbadora, é um indicativo de que você reconhece a importância fundamental da empatia na sociedade.

Se alguém lhe questionar sobre o significado de empatia, você terá prontamente a resposta na ponta da língua. Contudo, você consegue elaborar uma definição para "valor", no contexto da pergunta do início deste capítulo? "Valor" é daquelas palavras cujo significado compreendemos, mas nos esquivamos ao explicar. Este capítulo se dedicará não apenas a esclarecer esse conceito, mas também a lançar luz sobre os próprios valores que você possui.

A partir dos cinco anos e, com maior ênfase, dos sete aos quinze anos, é construído e reconhecido nos juvenis um conjunto de valores[2]. Conforme o psicólogo suíço Jean Piaget, essa construção nasce daquilo que nossos tutores ensinam, e das observações dos comportamentos das pessoas[3]. Essa é a fase em que os indivíduos aprendem o que é certo ou errado, bom ou mau.

Ainda conforme Piaget, na fase de crescimento, os valores são absorvidos e se tornam base para as decisões que tomamos nas outras etapas da vida.

---

[2]https://repositorio.ufpe.br/bitstream/123456789/8379/1/arquivo8926_1.pdf

[3]ARAGUAIA, Mariana. "Piaget e o desenvolvimento moral na criança"; Brasil Escola. Disponível em: https://brasilescola.uol.com.br/biografia/piaget-desenvolvimento-moral-na-crianca.htm. Acesso em 04 de julho de 2023.

Essa "base" por vezes está consciente, enquanto em outras ocasiões permanece no subconsciente; entretanto, é válido afirmar que cada escolha feita, cada perspectiva expressa e cada movimento de aceitar ou rejeitar propostas está intrinsecamente ligado a valores pessoais.

Listei quatro questões para você responder mentalmente:

1. Qual é a sua visão acerca da liberdade de expressão?

2. Você apoia a aplicação da pena de morte?

3. Como você enxerga a questão da igualdade de gênero?

4. Qual é o seu ponto de vista sobre o tema do aborto?

Não é necessário escrever ou divulgar as respostas. Se, em um cenário hipotético, você tivesse que entrevistar quarenta indivíduos com essas quatro questões, sem dúvida se depararia com uma diversidade de perspectivas que talvez desencadeasse debates intensos. Isso ocorre porque as respostas a essas perguntas são moldadas por valores, frequentemente variados entre si.

Os valores são naturais ao ser humano e podem ser influenciados por fatores como a cultura, a educação e as experiências de vida. Alguns exemplos são: honestidade, respeito, responsabilidade, justiça, tolerância e, claro, a empatia.

Observe que os valores podem ser deturpados; por exemplo, egoísmo, desonestidade e intolerância. Certamente, você já está familiarizado com a expressão "inversão de valores". A inversão de valores ocorre quando deixamos de obedecer a normas, transgredimos leis e nos distanciamos de nossos princípios éticos e morais.

De maneira simplificada, ***valor é aquilo que acreditamos ser importante na vida.*** É o alicerce de nossas escolhas e interações. Uma amizade desprovida de honestidade, por exemplo, careceria de sentido. A amizade constitui o relacionamento e sua fundação reside no valor da honestidade. Assim que se identifica algo negativo que mina essa base, como a desonestidade, a decisão de encerrar a amizade se tornaria uma decorrência lógica.

Em contraposição à ruptura de amizades devido à quebra de valores, encontramos a validação de relacionamentos e escolhas quando os valores se alinham. Isso é evidenciado no contexto da superação. ***Ao entrelaçarmos nossos valores com os objetivos que perseguimos, nossa trajetória adquire significado.***

Prática meditativa sobre os valores

Retornando à questão desafiadora introduzida no início deste livro, é importante reconhecer que há um caminho a percorrer até alcançá-la. No entanto, agora proponho a antecipação da alegria da conquista.

Sim, você leu corretamente. Já neste segundo capítulo, vou orientá-lo a experimentar a sensação de ter alcançado o objetivo que você estabeleceu.

É claro que o resultado dessa dinâmica vai depender da sua entrega e disponibilidade. Por isso, peço que reserve pelo menos dez minutos para essa prática meditativa. Certifique-se de estar em um ambiente calmo e reduza as distrações, como colocar o celular no modo avião ou escolher um local seguro e isolado.

Acomode-se de maneira confortável e posicione o livro à sua frente, utilizando um suporte para mantê-lo aberto. Durante o processo, é comum que a mente produza pensamentos alheios ao exercício. Caso isso ocorra, atribua um nome a esse pensamento e afirme internamente que retomará a questão (nome do pensamento) após a meditação. Manter a consciência firme nessa prática meditativa é crucial para o seu engajamento.

Absorva as orientações e as execute conforme minhas instruções.

1. Faça uma respiração profunda, puxando (inspirando) e soltando (expirando) o ar aos poucos. <u>Feche os olhos e repita esse movimento outras quatro vezes, com sua atenção voltada para o inspirar e o expirar.</u>

Depois disso, abra os olhos e siga para a segunda orientação.

2. Visualize-se em pé à beira de um rio. As águas exibem transparência, com algumas elevações que se projetam até a linha do horizonte. Tratam-se de formações rochosas emergindo acima do nível da água.

Na retaguarda, encontra-se uma floresta, e além das numerosas árvores ergue-se uma imponente torre, parecida com um castelo. É atrás dessa torre que o sol está começando a se pôr. Observa-se o começo de uma trilha que conduz à floresta.

Diante de você, boiando próximo à beira do rio, existe um pequeno barco, preso por uma grande corda amarrada a uma estaca cravada na areia. Você permanece de pé ao lado dessa estaca. Em suas mãos há uma lanterna e uma garrafa de água.

Ao longe, as poucas luzes solares que restam revelam uma porção de terra situada na margem oposta do rio.

Nessa parcela de terra, existe outra torre, semelhante àquela localizada do outro lado da floresta. A imponente torre na outra margem está tão distante de você que parece bem pequena quando vista do lugar onde você está.

Ao fechar os olhos, imagine e descreva a cor e a estrutura do barco. Contemple a natureza ameaçadora da floresta às suas costas e considere a natureza desafiadora da rota através das águas, marcada pelas formações rochosas que emergem ao longo do rio.

Agora, feche os olhos ao imaginar a descrição da cena anterior. Quando estiver pronto, transite suavemente para a próxima parte da sua jornada.

3. Ao lado da estaca, você percebe que existem dois remos. Nesse instante, você olha para trás e percebe um facão fincado na árvore mais próxima da trilha, cuja parte inicial está aberta.

Você tem duas opções: soltar a corda amarrada à estaca e embarcar no barco ou aventurar-se na floresta que se encontra imediatamente atrás de ti. Pernoitar à margem do rio não é uma opção, pois você já tomou a firme decisão de não permanecer no mesmo lugar. Seu objetivo é seguir em direção a uma das torres.

As torres simbolizam fortalezas, e alcançar uma delas é o foco central desta meditação.

Qual trajeto você escolhe desbravar: entrar na floresta ou no barco? Os dois caminhos apresentam desafios, porém, para alcançar a torre escolhida, é crucial que você opte por uma delas e deixe o lugar atual para trás.

Ao fechar os olhos novamente, se imagine na jornada, quer seja navegando cautelosamente para evitar que o barco choque contra as rochas, ou desbravando o caminho através da floresta.

Pense no trajeto até o seu objetivo. Com certeza, você alcançará a torre selecionada com o surgir do dia. Sua missão consiste exclusivamente em imaginar como foi atravessar o trajeto escolhido ao longo de toda a noite, até a chegada da manhã seguinte.

Reflita também sobre os desafios do seu trajeto. Não há pressa. Apenas após meditar sobre isso, avance para a próxima etapa.

4. Você chegou na torre e ela é enorme. Nela, há uma grande escada que dá acesso a um salão com vista panorâmica para os desafios da sua jornada. Você sobe essa escada, degrau por degrau. Ao chegar lá no alto, existem duas grandes janelas no salão.

Uma das janelas oferece uma visão do rio, enquanto a segunda janela proporciona uma vista para a floresta. Nesse momento, você percebe que há apenas uma única torre, e que você poderia ter alcançado essa torre por meio de qualquer um dos dois percursos disponíveis.

Essa torre simboliza o objetivo que você estabeleceu no início deste livro. Não apenas você atingiu essa meta, mas encontra-se atualmente no seu ponto mais alto.

Ao fechar os olhos, você será teletransportado do salão no alto da torre para outro cenário. Este novo ambiente será definido por sua visão e materializará o local onde o seu desafio foi conquistado.

Agora, permita-se visualizar a sua vida após ter triunfado sobre esse desafio. Em que lugar você se encontra? Como está o clima ao seu redor? Qual é o aroma que permeia o ambiente? Quais palavras são proferidas por aqueles que são próximos a você? Um sorriso se forma em seu rosto ou lágrimas de emoção rolam, ou talvez ambas as reações se misturem? Quais são as principais sensações que inundam esse momento?

Respire fundo e imagine os detalhes da sua conquista. Não há pressa. Somente após ter contemplado isso plenamente, continue a avançar na leitura.

O outro lado do desafio

Seja pela floresta fechada ou pelo rio com obstáculos, você chegará ao seu objetivo. O caminho à frente pode ser desafiador, contudo, se fosse simples, o sabor da vitória não seria tão gratificante. Por meio dessa prática meditativa, você explorou a visão da conquista que representa seu objetivo principal, e, nas entrelinhas dessa jornada, valores foram destacados. Possivelmente, tenha sido a coragem de trilhar o caminho que você identificou como o mais desafiador, ou a valorização da liberdade ao recusar a estagnação, mesmo que a dinâmica da meditação não tenha apontado para a ação.

Há diversos outros valores e, com eles, as preferências. Sonhos, paixões, religiões, times de futebol e outras particularidades são o que nos torna diferentes e merecem respeito, sem julgamentos.

Quais valores você sentiu que foram mais desafiados durante sua jornada? O que isso diz sobre você e os objetivos que escolheu?

É fundamental continuar refletindo sobre seus próprios valores e entender a importância de viver de acordo com eles. Somente assim será possível estabelecer vínculos saudáveis, alinhados com os objetivos que você mesmo traçou, e prosseguir nessa jornada, seja pelas águas do rio ou os caminhos da floresta, em direção a uma vida mais enriquecedora e feliz.

Capítulo 03

O SENTIDO NÃO É O MEU. E AGORA?

"Liderar é a arte de construir relacionamentos com valores nobres e sobre bases sólidas!"

(Alfredo Martini Júnior)

Você tem um(a) melhor amigo(a)? Alguém que compreende seus pensamentos com um simples olhar? Nesse contexto, compartilhar objetivos em comum é incrível. O que para outras pessoas poderia ser uma conversa comum, para vocês é como a realização de um sonho.

De fato, quando duas pessoas têm um propósito parecido, é possível vivenciar uma profunda sensação de conexão.

Olhares, sorrisos e coração funcionam em sintonia. A energia de pessoas puras, conectadas em um único propósito, é fortalecedora.

Essa sinergia seria impossível sem o compartilhamento dos sonhos. Digo isso porque, provavelmente, você já foi aconselhado a manter seus objetivos em segredo. Muitos acreditam que o mundo está repleto de indivíduos invejosos prontos para obstruir seu caminho, almejando seu fracasso. No entanto, a realidade é que, embora possam existir pessoas ou circunstâncias que funcionem como barreiras em seu progresso, há um número ainda maior de indivíduos e situações propícias que podem favorecer sua jornada. Ademais, uma quantidade significativa permanecerá neutra, sem exercer influência positiva ou negativa sobre seus esforços. E isso é perfeitamente normal. O foco principal não deve recair sobre as pessoas que podem representar obstáculos ou apoios, nem mesmo naquelas que se mostram indiferentes.

Direcione sua energia, prioritariamente, para o significado que a conquista possui para você. Ao enfatizar isso, você verá que, naturalmente, pessoas com valores e objetivos alinhados aos seus começarão a se destacar em seu percurso.

A pluralidade do sentido

Mesmo quando encontramos pessoas com valores e objetivos semelhantes aos nossos, a interpretação desses elementos pode divergir significativamente. Imagine a situação de alguém prestes a formar uma parceria para abrir uma nova franquia, tendo um sócio que compartilha qualidades como ambição, disciplina e responsabilidade. Embora haja semelhança nos valores e metas, a interpretação do que esse projeto representa pode diferir para cada indivíduo, carregando significados únicos.

Em algum momento, todos nós nos deparamos ou nos depararemos com questionamentos sobre o propósito da vida. Vejo essa indagação como um eco da pergunta frequentemente feita aos mais jovens: ***"O que você quer ser quando crescer?".*** Será que nos tornamos a resposta que demos no passado?

Muitas crianças se veem como super-heróis, princesas, bombeiros, médicos. Na minha infância, eu aspirava ser o faxineiro de uma escola onde minha tia Rosi trabalhava. Hoje, não sou faxineiro, mas nutro grande respeito por essa profissão. A pluralidade de sentidos emerge das diversas experiências que vivenciamos, moldadas por mentores, sociedade, cultura, ou até mesmo nosso ego. O significado verdadeiro que você atribui à sua existência é o que o trouxe até o momento.

Reconhecendo que cada pessoa carrega seu próprio sentido para agir, líderes devem incorporar essa percepção ao estabelecer objetivos. Um líder amplia suas chances de engajamento coletivo ao reconhecer a individualidade de seus colaboradores.

Tomemos como exemplo uma escola privada: se o gestor estabelece uma meta de matrículas, é crucial ter o engajamento de sua equipe, cujos membros serão movidos por suas motivações individuais. Para um, "atingir a meta" pode significar a realização financeira que possibilita a compra de um veículo próprio. Para outro, pode representar a superação de uma crença limitante. E para um terceiro, pode ser o passo necessário para alcançar a posição desejada. Fica claro que, mesmo com um objetivo comum, o sentido atribuído é singular para cada um. Essa nuance é vital para o líder que busca entender a motivação intrínseca de cada membro da equipe.

Sentido ressignificado

Acredito que ao clarificar o legado que desejamos deixar, minimizamos a probabilidade de frustrações. Não me refiro aqui à profissão ou qualificações acadêmicas, mas à habilidade de entender e incorporar um propósito em tudo que fazemos. Para mim, isso se traduz em servir ao próximo. Para outros, pode significar alcançar independência financeira ou geográfica, ou talvez buscar salvação e plenitude espiritual. Respeitando cada um desses propósitos, os resultados podem ser extraordinários, e nos tornamos mais resilientes para enfrentar os obstáculos de nossa jornada.

A resiliência se faz crucial, já que inevitavelmente enfrentaremos provações. Aqueles sem uma noção clara de suas motivações se veem frequentemente perguntando: "Qual é o sentido de tudo isso?" Quem não conhece histórias de indivíduos que passaram por doenças graves, acidentes que resultaram em deficiências, ou desilusões amorosas?

Você, caro leitor, provavelmente já encarou desafios que o levaram a questionar o propósito de suas lutas. Um exemplo pertinente é o isolamento social imposto durante a pandemia de COVID-19. Esse período inspirou pesquisas que se debruçaram sobre os conceitos do livro "Em Busca de Sentido", de Viktor Frankl. Uma dessas pesquisas concluiu que as respostas comportamentais à quarentena eram comparáveis às reações daqueles submetidos aos horrores dos campos de concentração, ressaltando a urgente necessidade de encontrar sentido em meio à adversidade[4].

Em tempos difíceis, é essencial interpretar a mensagem implícita nas circunstâncias, em vez de procurar razões para autoquestionamento.

---

[4]https://rsdjournal.org/index.php/rsd/article/view/3331

Procure entender o que a situação está tentando comunicar e assimile os aprendizados. Os valores podem evoluir, e o propósito pode ser reformulado. Muitas vezes, é na crise que a verdadeira natureza de nossa jornada se revela.

Durante a pandemia, nos acostumamos com uma nova normalidade. Muitos descobriram seu verdadeiro propósito nesse período. Enquanto várias empresas fecharam, outras redefiniram seus propósitos e experimentaram um crescimento sem precedentes. Houve uma chance para todos se adaptarem, se reinventarem e, mais especificamente, se ressignificarem. Alguns lucraram imensamente com novas estratégias e direções, embora outros não tenham tido a mesma capacidade de se adaptar.

Nesse ínterim, eu mesmo vivenciei várias lições, e gostaria de compartilhar três aspectos que moldaram meu propósito durante a pandemia.

1. Não controlamos nada.
Todo dia, a gente tenta controlar o que não tem controle, e o que ganhamos com isso é só mais ansiedade.

2. A vida voa.
A pandemia me mostrou que é preciso viver o hoje e não ter medo de se jogar. A gente gasta muito tempo pensando no que foi e no que vem pela frente, e esquece de viver o que está acontecendo agora. Isso nos impede de curtir de verdade o que mais importa.

3. Dar valor às pessoas.
E não falo só da família e dos amigos, mas de todo mundo. Hoje em dia, dou muito mais valor a um abraço, um olhar ou um sorriso do que dava antes da pandemia.

E você, o que começou a ver de outro jeito com a pandemia ou outras dificuldades? No que eu faço hoje, tenho a sorte de levar uma vida cheia de sentido. Escrever este livro tem tudo a ver com o que acredito e valorizo. Sei que talvez você não esteja vivendo seu melhor momento, mas o que conta mesmo é o caminho até lá.

Espero que, nessa caminhada, você descubra e fortaleça o que é importante pra você e o porquê das suas metas. Isso faz parte de quem você é. Pode ser que sua prioridade ou seus planos não estejam muito claros agora, mas eu garanto que eles estão aí dentro de você. Tudo que você precisa tá guardado aí, e, mais cedo ou mais tarde, você vai encontrar, com tudo se encaixando na hora certa. Pode acreditar.

Peças essenciais do seu quebra-cabeça

Aqui começa uma parte importante da sua jornada. Vou apresentar estratégias que podem mudar sua vida. Durante o livro, vou compartilhar peças essenciais que vão te ajudar a crescer. Essas peças são como um quebra-cabeça que só você pode montar. Não importa se vai levar um dia ou muitos anos; o que importa é o seu desejo de melhorar. No começo, pode parecer confuso, mas com o tempo, você vai ver como cada peça é importante.

Agora, quero convidar você a se dedicar aos seis exercícios desta parte. Cada parte do livro tem seis exercícios, num total de 24. Ao fazer esses exercícios, você vai pensar e descobrir coisas novas sobre si. Pode até reviver momentos que achou que nunca mais viveria.

Prepare um momento só para você. Coloque uma música que você gosta. Encontre um lugar tranquilo e faça os exercícios quantas vezes quiser. O importante é que, no fim, todas as peças se encaixem. Se sentir que algo não está certo, tudo bem mudar e tentar de novo. Não existem respostas certas ou erradas, apenas o seu momento certo. Pronto para começar?

AS 6 PEÇAS DA SEÇÃO 1 – SENTIDO

Use um diário ou caderno, físico ou digital, para anotar suas respostas aos exercícios a seguir.

Peça 1:
Conversando com sua essência

1 - Se algo maior, como o Universo ou Deus, pudesse ver o seu verdadeiro EU agora, sem o EGO influenciando, que nota de 0 a 10 você acha que receberia pelas suas atitudes atuais?

1.1 - O que te impede de ter uma nota maior?

1.2 - O que está sob seu controle que poderia aumentar sua nota?

1.3 - Quando você planeja fazer essas mudanças na sua vida?

Peça 2:
Conectando-se com sua essência

2 - De 0 a 10, quanto sua jornada da superação está ligada ao seu verdadeiro eu?

2.1 - O que faz essa conexão não ser maior? Ou menor?

2.2 - Pensando nas suas qualidades e talentos, você está feliz com seu crescimento pessoal agora?

2.3 - Quando você se olha no espelho, o que vê na sua busca por superação? Quais sentimentos e pensamentos aparecem?

Peça 3:
Ações que fazem sentido

3 - Suas ações precisam ter um significado verdadeiro. De 0 a 10, qual nota você daria para suas ações atuais que de alguma forma influenciam na sua superação?

3.1 - Como você avalia suas ações? Elas estão alinhadas com o que é importante para você?

3.2 - Quais ações fazem mais sentido para você e merecem mais esforço?

Peça 4:
O sentido do outro não é o seu

4 - De 0 a 10, quanto você deixa os outros influenciarem seus pensamentos, sentimentos e ações na sua jornada da sua superação ?

4.1 - A opinião dos outros muda seu comportamento a ponto de atrapalhar seus objetivos?

4.2 - O que mudaria se você ouvisse mais a si mesmo do que aos outros?

Peça 5:
Seus valores são inegociáveis

5 - Como você se sentiu ao chegar ao topo da torre no capítulo 2?

5.1 - Quais valores se destacaram para você?

5.2 - Se tivesse que renunciar os valores para superar, quais seriam inegociáveis?

Peça 6:
Sua força de vontade é seu alicerce

6 - Quais hábitos positivos você quer criar na sua vida que vão te ajudar a superar o seu objetivo neste momento?

6.1 - De 0 a 10, quanto você já pratica essas ações de forma verdadeira com você mesmo?

6.2 - Qual ação é a mais importante para sua jornada da superação?

6.3 - Se essa ação pudesse garantir sua superação respeitando seus valores, você começaria agora?

SEÇÃO 02

PERCE

PÇÕES

O ponto da virada

É uma alegria imensa saber que você está aqui, absorvendo cada palavra que escrevi com tanto carinho e dedicação. Eu firmemente acredito no poder da leitura para transformar corações partidos e restaurar a harmonia em ambientes conturbados. Então, parabéns por chegar até aqui neste livro.

Durante meus trinta anos, percebi que buscar conhecimento é crucial para nossa evolução, seja pessoal ou profissional. Mas, à medida que o tempo passava, entendi que o verdadeiro desafio não reside em acumular riquezas ou obter reconhecimento social, e sim em conseguir compreender, descobrir e, acima de tudo, amar verdadeiramente a nós mesmos.

Minha trajetória começou de maneira bastante comum. Eu nasci, cresci, recebi amor, mas também presenciei conflitos entre meus pais, que culminaram em divórcio quando eu tinha somente sete anos. Naquela fase, eu não conseguia entender as razões por trás das brigas, mas hoje reconheço que estavam ligadas à falta de amor-próprio e à ingratidão pela simples dádiva de estar vivo.

Criar relacionamentos saudáveis demanda um profundo amor-próprio e uma habilidade em gerenciar o ego - essa consciência tão focada em nós mesmos, o "eu". O ego pode ter suas vantagens e desvantagens, mas tem o potencial de nos convencer de que estamos sempre corretos. Eu vivi isso na pele, vi como pode nos isolar e erodir nossos vínculos com aqueles que amamos.

Aos 15 anos, eu me considerava maduro e independente, mas, na realidade, era o ego me enganando. Me envolvi em festas, álcool e drogas, afastando-me do amor verdadeiro, ao confundir prazeres momentâneos com felicidade. As drogas me levaram a um estado crítico, um ponto de ruptura, onde encontrei refúgio e perspectiva nos grupos de narcóticos anônimos. Foi lá que tive uma epifania: a vida não é somente minha, ela está entrelaçada com a comunidade que me cerca. Compreendi que o apoio e o cuidado mútuo eram vitais para minha sobrevivência e recuperação.

Olhando para trás, agora vejo que minhas inseguranças e a falta de amor-próprio foram alimentadas pelo abandono de meu pai, que se proclamava um devoto servo de Deus enquanto negligenciava sua família. Ao transcender essas feridas, eu triunfei sobre meus desafios. Por isso, sempre se lembre de buscar serenidade para aceitar as coisas que não podem ser alteradas, coragem para modificar o que pode ser mudado e sabedoria para distinguir um do outro.

Assim como aprendi nos grupos de narcóticos anônimos, "Só por hoje funciona".

Hudny Gabriel

Capítulo 04

PERSONALIDADE. PRAZER, SUA PERSONAL INFLUENCER!

"Sou como você me vê. Posso ser leve como uma brisa ou forte como uma ventania, depende de quando e como você me vê passar."

(Clarice Lispector)

A origem da personalidade e suas influências na superação

Quem nunca ouviu comentários como "Aquele menino tem uma personalidade forte" ou "O filho da Valdelice é tão prestativo quanto o pai"? Identificar as características das pessoas e entender nossa própria personalidade é quase como usar uma espécie de máscara que, em poucos minutos, nos permite identificar e avaliar, com base em nossas percepções, os traços mais marcantes de nossos comportamentos. Já parou para pensar que frequentemente temos diálogos internos que nos convencem de que somos diferentes em nossos comportamentos externos? Poderíamos dizer que essas atitudes funcionam como nossas máscaras.

Você já se pegou questionando por que reagiu de certa maneira quando, na verdade, queria ter expressado sua opinião de forma diferente? Ou talvez alguém já tenha comentado: "Se fosse com seus amigos, sua reação seria outra." Pensando nisso, é justo dizer que interpretamos vários papéis ou personagens ao longo de nossas vidas. Dependendo do contexto social, apresentamos diferentes "máscaras", usando uma no trabalho e outra em casa, por exemplo.

Contudo, podemos dizer que a construção da personalidade envolve três componentes: a imagem que temos de nós mesmos, a imagem que tentamos transmitir aos outros e a percepção real que as pessoas formam sobre quem somos.

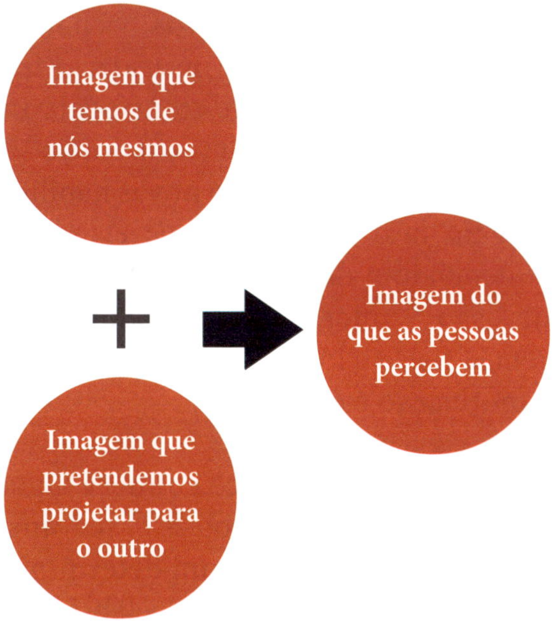

Mas por que tudo isso acontece?

Vejo a personalidade como uma estrutura psicológica, uma combinação única de características, emoções, padrões de pensamento e comportamentos que formam a nossa identidade. Embora os elementos básicos sejam comuns a todos, a mistura desses fatores é exclusiva para cada indivíduo.

Como discutido no segundo capítulo, Piaget argumenta que nossa personalidade começa a se desenvolver cedo e é moldada pela cultura e sociedade em que nascemos, pelo estilo de criação que recebemos e pela influência da família, amigos e mídia.

Para Piaget, a criança realiza suas assimilações ao interagir com estímulos sonoros, visuais e sensoriais do ambiente em que está inserida. Através desses estímulos, ela gradualmente transforma informações em conhecimento. Nesse contexto, inicia seu processo de aprendizagem, adquirindo novas habilidades, como a linguagem oral. Segundo seus estudos, os fatores que influenciam o desenvolvimento da personalidade infantil são: interesses e valores, maturação, experiência física e lógica, transmissão ou experiência social, motivação e emoções.

É bem possível que você conheça alguém (ou até você mesmo) que já sonhou em ser um artista ou super-herói, ou que desejou um determinado produto simplesmente porque viu uma celebridade usando-o em uma cena de TV. Talvez conheça alguém que foi influenciado a fazer uma compra ao ver um colega exibindo um novo modelo de celular ou um par de tênis de uma marca específica, seja na escola, no trabalho ou em um grupo de amigos.

Dessa forma, é fácil concluir que as experiências, o conhecimento adquirido, as escolhas que fazemos e suas consequências aleatórias moldam nossa personalidade.

De fato, podemos ser influenciados, mas nossas ações são tomadas com nosso consentimento. Se realmente não quisermos realizar uma ação (e sermos reféns das consequências), mostraremos resistência. Essa ideia está alinhada com o conceito de livre-arbítrio.

Estou convencido de que minha personalidade voltada para a liderança, empreendedorismo e comunicação foi moldada desde cedo. Minha mãe, Neuza, mesmo diante dos desafios de criar quatro crianças, sempre foi uma grande incentivadora da criatividade. Desde criança, ela me ensinou que era importante acreditar nos nossos sonhos, mesmo que fossem apenas criações lúdicas da nossa mente. Minha infância me proporcionou grandes lições, que hoje vejo como uma contribuição significativa para minha carreira profissional. Naquela época, eu me destacava nas brincadeiras da escola, ou melhor, nas criações. Hoje, reconheço como meu desempenho nessas atividades contribuiu para meu desenvolvimento e até para a criação de eventos para meus amigos da vizinhança. Sim, eu literalmente elaborava as atividades e incluía elementos lúdicos para adicionar valor às brincadeiras. Sem dúvida, esses foram meus primeiros passos em direção ao empreendedorismo e à liderança.

Minhas ações como líder tinham um propósito claro: o bem-estar dos outros. Movido pelo desejo de proporcionar às crianças experiências como as que via na TV, eu recriava competições que via nos programas. Havia inúmeras dinâmicas, gincanas, peças teatrais. Cada atividade me incentivava a adotar uma nova perspectiva, a experimentar algo diferente - tudo isso moldado pela minha personalidade e pelas influências externas. Seja de forma consciente ou inconsciente, as criações genuínas carregavam minha essência.

Saber identificar nossa verdadeira personalidade e usar suas características a nosso favor nos ajuda a seguir mais assertivamente em direção aos nossos objetivos. O mais interessante é quando nos conhecemos bem e somos capazes de identificar claramente a ação mais impactante a ser tomada.

Imagine se sua personalidade tiver traços de aventura e criatividade. Certamente, se você possuir essas características, é improvável que o tempo passe rápido quando você estiver envolvido em uma atividade monótona, como criar e analisar uma planilha extensa. Contudo, se houver a necessidade de se dedicar a uma tarefa monótona, estar ciente de seu próprio perfil possibilita o desenvolvimento de novas habilidades, potencializando sua capacidade de realizar essa desafiadora missão. Todos nós possuímos a capacidade de crescimento em qualquer área de nossa vida. Temos os recursos necessários; precisamos apenas nos observar, reconhecer nossas limitações momentâneas e elaborar uma estratégia para otimizar esses recursos, permitindo-nos assim adquirir essa nova habilidade.

O autoconhecimento é crucial para a execução do plano de ação que você definiu no início deste livro. Para superar obstáculos, será necessário desenvolver estratégias alinhadas com sua personalidade. A eficácia das estratégias para atingir suas metas está diretamente relacionada à compreensão de seu perfil.

Observe-se e não se limite. Quanto mais você se conhecer, mais próximo estará da superação.

Não acredite em tudo o que você pensa, sente ou acredita

Você já percebeu que o maior narrador de histórias, propagador de fofocas e criador de cenários imaginários não é seu vizinho, nem aquele colega de sala ou do trabalho? Na verdade, o principal contador de histórias está alojado bem entre suas próprias orelhas. Sim, é a sua mente.

Diversos estudos e literaturas abordam essa temática. Um pensador do início do século XVIII, David Hume, já discutia sobre a imaginação como um derivado das percepções humanas. Ele defendia que as sensações e percepções se originam das experiências vividas, captadas por meio dos nossos sentidos[5]. Avançando para o início do século XXI, estudos demonstraram que a imaginação transcende nossas percepções sensoriais. Isso ressalta a importância de estarmos conscientes e atentos ao turbilhão de pensamentos que atravessa nossa mente.

Tudo aquilo em que acreditamos surge a partir de informações geradas em nossa mente. Isso pode ser alarmante, pois, se não formos capazes de discernir ou gerenciar nossos pensamentos, podemos nos precipitar em um abismo sem fim, seja ele positivo ou negativo. Tendemos a acolher e aceitar somente aquilo que ressoa com nossa vida e experiências. Se não nos apropriarmos de nossas crenças de forma genuína, elas podem se tornar obstáculos intransponíveis em nossa jornada da superação.

---

[5] http://www.theoria.com.br/edicao19/02012016RT.pdf

Em um determinado período da minha vida, minha ansiedade atingiu níveis tão elevados que me vi incapaz de separar a realidade das histórias fabricadas por minha mente. Uma entrevista com um psiquiatra renomado foi o divisor de águas para minha percepção desse carnaval de pensamentos frenéticos. Ele declarou algo impactante: "nossa mente não consegue distinguir o que é real do que é imaginário". Essa afirmação me levou a uma profunda reflexão, fazendo-me analisar e questionar cada pensamento, especialmente nos momentos em que minha ansiedade parecia incontrolável. Eu me esforçava para discernir se o que perpassava minha mente era um reflexo da realidade ou apenas fruto da minha imaginação.

Quem dentre nós nunca vivenciou momentos onde nossos pensamentos nos levaram a visualizar cenários catastróficos, desencadeando uma avalanche de emoções e sentimentos que apenas ressuscitavam angústias e sofrimentos desnecessários? Isso é particularmente comum quando criamos expectativas desmedidas sobre algo que desejamos ardentemente, ou quando nossa mente começa a construir cenários incertos, nos fazendo questionar nossa própria competência e potencial.

Concluí que a ansiedade muitas vezes se relaciona à dificuldade de gerenciar os pensamentos que permeiam nossa mente. Assim, para auxiliá-lo a refletir mais profundamente sobre seus padrões de pensamento e talvez reestruturá-los, gostaria de compartilhar alguns exemplos do metamodelo de linguagem. Ao empregar as questões reflexivas e direcionamentos da tabela abaixo, você poderá exercer maior controle sobre suas reações e, por consequência, abrir-se a novas perspectivas.

PADRÃO DE PENSAMENTOS LIMITANTES	PERGUNTA DE REFLEXÃO	DIRECIONA-MENTO
"Tenho várias frustra-ções no meu casamen-to."	"O que especificamen-te te frustra?"	Procure precisar a questão, entendendo-a como uma situação específica, não uma generalização.
"O tom de voz do meu chefe me deixa nervoso."	"Como exatamente o tom de voz dele te afeta?"	Buscar entender a relação causal entre o estímulo (tom de voz) e a resposta (senti-mento de nervosis-mo).
"Os homens não devem chorar."	"O que aconteceria se um homem choras-se?"	Questionar a regra ou limite, explorando as reais consequências desse ato.
"Meu namorado sem-pre age assim."	"Sempre? Não houve nenhuma situação em que ele agiu de manei-ra diferente?"	Encorajar a identifi-cação de contraexem-plos para o estado limitante.
"Não consigo apren-der isso."	"O que exatamente impede você de apren-der? Há obstáculos específicos?"	Explorar as causas re-ais ou barreiras para o problema em questão.

Esta tabela serve como um guia prático para questionar e reformular pensamentos que podem estar limitando seu bem-estar emocional ou impedindo seu crescimento pessoal. A ideia é desafiar esses pensamentos, tornando-os mais específicos, questionando generalizações, e entendendo as verdadeiras causas e consequências das suas crenças limitantes.

Evidências de uma mente ansiosa

Em 2018, tive a oportunidade de proferir uma palestra para executivos de uma rede de franquias em Brasília, discutindo o impacto da tecnologia no atendimento ao cliente. A noite já havia se adiantado, passava das 23h, quando, a caminho do carro que me levaria ao hotel, um jovem de cerca de 30 anos veio ao meu encontro. Ele havia assistido à minha apresentação e estava enfrentando uma crise profissional por conta da automatização no ambiente de trabalho, o que lhe causou uma profunda sensação de inutilidade.

Com olheiras denunciando noites de insônia, ele descreveu como se via, em um futuro próximo, desempregado e até com seu casamento em ruínas. Caros leitores, atentem-se ao poder destrutivo da mente quando entregue à fabricação de cenários catastróficos. É um gatilho direto para a ansiedade, um convite ao caos emocional e ao sofrimento desnecessário.

Antes de partir, olhei fixamente nos olhos cansados do rapaz e perguntei qual era a diferença entre ele e um robô. Diante de sua confusão, insisti: "O que você tem que um robô jamais terá?" A resposta, meus amigos, é simples: sentimentos. Os robôs podem cozinhar, limpar, desarmar bombas, até ganhar no xadrez, mas nunca sentirão ansiedade, tristeza, alegria ou solidão. Se você sente, você vive. E esses sentimentos, embora às vezes pesados, são indicativos de nossa humanidade e têm seu lugar em nossas vidas. O desafio é reconhecê-los sem permitir que construam barreiras em nosso caminho.

Eu mesmo já estive preso nessa armadilha mental, fazendo exames de sangue semanais, buscando a confirmação de diferentes médicos até perceber a irracionalidade do meu comportamento. Não era sobre saúde, mas sobre uma necessidade obsessiva de reafirmação. Eu estava bem, mas minha mente distorcida insistia no contrário, clamando por múltiplos profissionais para me convencerem de minha própria realidade.

Portanto, a mensagem que desejo deixar é esta: questione sempre os pensamentos que cruzam sua mente. Quando perceber a maré de catastrofismo chegando, desafie-a. Faça perguntas, confronte essas imagens sombrias com a lógica, e você descobrirá uma poderosa defesa contra as tempestades internas. Vamos aprofundar essa técnica no próximo tópico.

Enfrentando a tormenta: A técnica do "Eu não acredito em você"

Imagine-se preso em uma tempestade de pensamentos, todos clamando por atenção, exacerbando suas emoções e acendendo a chama da ansiedade. Em momentos assim, até mesmo respirar se torna um desafio, com cada suspiro parecendo mais pesado e superficial do que o anterior.

Antes de mergulharmos nos abismos de nossa mente, eu sempre recomendo começar com uma âncora: a respiração. Visualize encher uma garrafa, iniciando pelo abdômen e subindo até a clavícula, depois libere o ar, esvaziando-a de cima para baixo.

Para facilitar, deite-se. Deixe seu corpo encontrar conforto e estabilidade antes de enfrentar a tempestade interna.

Agora, com a voz firme, interrogue-se. Permita-se ouvir suas próprias respostas, pois é surpreendente o que podemos aprender quando realmente nos escutamos.

1. O que desencadeou esta avalanche de pensamentos? Qual foi o gatilho específico?
2. Dentre esses pensamentos, há algum que tenha sido particularmente potente? Eu acredito nele inteiramente, sem sombra de dúvida?
3. Qual emoção está tomando conta agora? Em uma escala de 0 a 10, quão intensa ela parece?
4. Como meu corpo reage a essa emoção? Qual comportamento ela incita?

Tendo mapeado o terreno turbulento, é hora de desafiar a tempestade com um arsenal de perguntas poderosas:

- Quais são as quatro vantagens e desvantagens associadas a esse comportamento?

- Existem evidências concretas que sustentem os pensamentos que surgiram em minha mente?

- Há evidências reais que NÃO sustentam esses pensamentos? Se sim, compartilhe agora em voz alta com você mesmo.

Conclusão: Agora, convido a uma reflexão profunda, um diálogo sincero consigo mesmo, como se estivesse se dirigindo à pessoa mais significativa em sua vida. Alguém que verdadeiramente compreende a sua essência e busca unicamente a sua felicidade: **VOCÊ!**

MINHA CARTA DE CONCLUSÃO

Com base nas evidências apresentadas, chego à conclusão de que ____________________________

____

____

____

portanto, isso significa que_______________________

____

____.

De 0 a 10, qual é o grau de crença que tenho nos pensamentos que estavam ocupando minha mente?

____

Qual sentimento estou experimentando neste momento, depois de chegar a essa conclusão?

____

____

Fortalecendo crenças extraordinárias para a superação

Nos últimos anos, observamos um aumento notório na divulgação de conteúdos relacionados às mudanças e aos impactos do comportamento humano no cotidiano. Simultaneamente, há uma expansão na disponibilidade de materiais que incentivam as pessoas a embarcarem na jornada do autoconhecimento, propondo ferramentas para tal exploração. Essa tendência transcende a simples presença desses conteúdos, manifestando-se também no crescente interesse do público em buscar informações sobre o tema.

Conforme o Censo da Educação Superior do Brasil, houve um salto considerável no número de matrículas em cursos de psicologia no país entre 2010 e 2021. Nesse intervalo, o número de estudantes matriculados escalou de 136,4 mil para 289,8 mil, um aumento de 112,4%. Em meio a intensas discussões sobre saúde mental e à proliferação de conteúdos em plataformas diversas, como sites, redes sociais, podcasts e livros, a procura por formação nessa área tem ganhado um destaque impressionante no cenário educacional. Isso evidencia um desejo crescente das pessoas em compreender melhor suas próprias emoções e comportamentos.

Entre uma miríade de opções, ou mesmo milhares de conteúdos acessíveis, é imperativo exercer uma cautela excepcional não apenas com a natureza do conteúdo, mas também com o método de interação com essas informações.

Na discussão sobre o processo da superação, eu sempre destaco a importância de adotar uma perspectiva diferenciada em relação às nossas crenças limitantes. Porém, há uma crença que julgo especialmente vital para pessoas como você, que estão fervorosamente empenhadas em alcançar seus objetivos. Eu a chamei de "crenças com essência". Contudo, antes de mergulharmos nas crenças com essência, acho prudente examinarmos o conceito de crenças de uma forma mais abrangente.

Atualmente, a temática das crenças é amplamente debatida, englobando conceitos que variam desde a autoeficácia até a positividade, sem esquecer das crenças autossabotadoras. Em essência, há uma gama diversificada de crenças, compreendendo diferentes naturezas e origens. É habitual nos depararmos com uma vasta gama de conteúdos nas redes sociais, divulgados por profissionais de áreas como psicologia, psiquiatria, terapia, coaching e até mesmo por influenciadores digitais. Contudo, permanece a questão: o que, exatamente, são essas crenças? E, mais profundamente, quais os impactos tangíveis que elas exercem em nossas vidas? Como podem impulsionar ou obstruir nossa jornada em busca de resultados verdadeiramente extraordinários?

Da autossabotagem à autoconsciência

No Dicionário Michaelis, o termo "crença" possui diversas acepções. Estende-se desde a fé em algo até compreender aspectos relacionados a ideologias religiosas amplamente aceitas, manifestadas por meio da fé ou do credo. A noção de certeza ou convicção também é destacada, referindo-se a algo tido como verdadeiro e digno de confiança. Essa multiplicidade de definições sublinha a complexidade do termo e sua aplicabilidade em diferentes contextos.

Resumidamente, crença é algo em que você acredita fervorosamente, direcionando suas percepções, emoções e ações com base no que é lógico e válido para você. Entretanto, há o lado adverso conhecido como "crenças limitantes", que consistem em pensamentos restritivos que nós mesmos formulamos.

Conforme debatido na seção 2, os pensamentos restritivos originam-se na infância e evoluem conosco. Eles não emergem sem causa; geralmente, são fruto de eventos que nos marcaram nesse período formativo. Esses eventos, por vezes traumáticos, têm a capacidade de nos influenciar por toda a vida, forjando nossas verdades individuais.

Com o passar dos anos, tais experiências modelam nossa personalidade. Frequentemente, não percebemos que nossos comportamentos estão intrinsecamente atrelados às nossas crenças, quer sejam autossabotadoras ou não. Quando analisamos nossa identidade, o meio em que vivemos e o mundo como um todo, nossos discernimentos são frequentemente pautados por ideias preconcebidas, oriundas do que absorvemos durante nossas interações familiares, amizades e influências sociais. Reconhecer que não devemos ficar à mercê da mentalidade encapsulada na Síndrome de Gabriela, que se traduz por "eu nasci assim, eu cresci assim, vou ser sempre assim, Gabriela", é fundamental. É essencial direcionar a expansão de nossa consciência para esses aspectos profundamente enraizados e entender como afetam os objetivos que perseguimos em nossa trajetória.

Os comportamentos influenciados pelas restrições de nossas crenças limitantes podem alterar substancialmente nossas interações sociais e, sobretudo, nosso diálogo interno. Reconhecendo que a pessoa de maior significado em sua vida é você mesmo, é vital compreender que você deve assumir o papel principal na exploração de como esses gatilhos restritivos podem conduzi-lo a ser alguém dominado por crenças que obstruem seu crescimento e superação pessoal. Esteja alerta! Isso vai além de simples conselhos, clichês motivacionais ou proclamações de gurus virtuais. Representa uma realidade tangível, com aplicação direta e significativa no cotidiano.

Navegando além das crenças limitantes no mundo dos negócios

Algo que sempre enfatizo é o perigo de alimentar nosso subconsciente com noções de incapacidade, inferioridade ou inadequação. Quando internalizamos essas crenças sem questioná-las, nossos comportamentos refletem esses padrões de pensamento perante os outros. É um processo prejudicial, pois muitas vezes subestimamos nosso verdadeiro potencial.

Falar sobre crenças em relação à essência é discutir uma fé robusta e inabalável, mas fora de um contexto religioso. Trata-se de uma crença pura, livre das artimanhas do ego, sentida no fundo do coração e que ressoa em nossa alma. É a convicção que nos preenche de alegria quando vivida e expressa genuinamente.

Meus anos dedicados ao estudo da superação através do empreendedorismo me permitiram observar centenas de empresários por todo o Brasil. Notei uma significativa incompreensão sobre o verdadeiro sentido da superação. Quando introduzo o conceito de superação fundamentada na essência, a confusão parece aumentar, principalmente porque muitos desses profissionais estão enredados em crenças limitantes, frequentemente oriundas de experiências passadas e perspectivas antiquadas de gestão. Essas limitações não afetam apenas os indivíduos, mas se estendem sutilmente a toda a equipe.

Essas crenças, surpreendentemente, muitas vezes têm raízes na infância, perpetuadas por gerações. Confrontar essa realidade e discutir a essência das crenças vai além de atingir metas; exige uma jornada profunda de autoconhecimento, permitindo distinguir entre a realidade e o que é produto de nossa imaginação, tudo dentro do contexto do crescimento pessoal.

A verdadeira superação, aquela enraizada na essência, é medida pela pureza de nossas intenções e a autenticidade de nossos resultados, refletindo nossa identidade. Há quem atinja metas, seja no âmbito empresarial ou pessoal, sem encontrar a felicidade autêntica. Essas vitórias, conduzidas pelo medo ou insegurança, carecem de uma fundação firme para sustentar o sucesso a longo prazo. É importante reconhecer que, enquanto os comportamentos podem ser questionados, a identidade de uma pessoa jamais deve ser diminuída. A superação não deve ser vista apenas como um resultado de ações alinhadas com um propósito, mas reconhecida e respeitada como intrínseca à identidade do indivíduo.

Isso nos leva a ponderar: por que algumas pessoas prosperam em empreendimentos duradouros, enquanto outras encerram suas jornadas empresariais precocemente? A resposta reside em uma estrutura de valores centrada na superação. No cerne dessa estrutura, a essência se destaca como o elemento mais crucial. O ego e suas manifestações (ser e fazer) ocupam uma camada intermediária, enquanto o topo é dominado pela superação impulsionada pelo medo, onde os desejos e a autenticidade do indivíduo são muitas vezes negligenciados, comprometendo seu verdadeiro valor e potencial.

Desbravar a própria essência com honestidade e profundidade pode abrir caminhos surpreendentes para estratégias que estejam em verdadeira sintonia com sua jornada da superação. Este processo promete não apenas avanços significativos mas também uma experiência mais harmoniosa, alinhada com sua consciência e propósito de vida. Reconheço que não se trata de um caminho fácil; no entanto, a jornada de autodescoberta é, por si só, enriquecedora, libertadora e profundamente gratificante.

Quando um empresário, gestor, ou mesmo você em seu contexto pessoal, começa a compreender que suas ações são reflexos diretos de suas percepções e crenças ancoradas na essência, um universo de novas oportunidades começa a se desdobrar. Caminhos que antes pareciam ocultos ou inimagináveis começam a se revelar, oferecendo respostas claras, inequívocas e diretas. Esta clareza, cultivada através do autoconhecimento e da reflexão, começa a se manifestar de maneira cada vez mais evidente em todos os aspectos da vida.

Portanto, é um convite à confiança no processo. Mesmo que desafiador, o percurso de alinhamento com a sua essência genuína é um investimento inestimável no seu crescimento pessoal e profissional. Ele não apenas ilumina o trajeto para a superação de obstáculos mas também fortalece a conexão com sua missão mais autêntica e profunda. Confiar nessa jornada é abrir-se para um potencial até então inexplorado, tanto no mundo dos negócios quanto na esfera pessoal.

Não alimente o monstro

Existem períodos na vida que nos desafiam de formas inesperadas, expondo nossas fraquezas mais íntimas e acordando os monstros adormecidos dentro de nós. Durante um dos episódios mais críticos da minha vida, uma internação hospitalar de emergência se transformou em uma jornada de autoconhecimento e luta interna. Sete dias de isolamento em um quarto de hospital, cercado por incertezas e sem diagnósticos claros, transcendiam um desafio físico; era um confronto psicológico.

Para resumir, a identificação de uma bacteremia no meu organismo iniciou uma cadeia de eventos que, metaforicamente, cegaram uma parte da minha visão, enquanto deixavam outra parte turva. Nessa condição de extrema vulnerabilidade, uma crença limitante começou a crescer dentro de mim. Ela me seguiu por anos a fio, assemelhando-se a uma montanha-russa emocional com seus picos tumultuados e vales profundos.

A experiência da minha primeira internação, distante do conforto e do suporte da minha família em São Paulo, plantou em mim uma semente de medo profundo e duradouro. Qualquer sinal de perigo à minha saúde acionava uma onda de pânico avassalador, uma sensação aguda de vulnerabilidade, um "medo do próprio medo". Surgiram temores irracionais de adoecer sozinho, de estar desacompanhado em locais públicos, de contrair qualquer enfermidade trivial. O pavor de *reexperimentar* a tensão e incerteza daquele leito de hospital tornou-se um fantasma constante. Além disso, o peso das obrigações financeiras e do compromisso profissional apenas servia para ampliar a minha ansiedade.

Contudo, foi precisamente na confrontação desses medos que encontrei o caminho para a verdadeira superação. Reconhecer e encarar essa crença limitante, essa sombra intimidadora que se formou durante um momento de imensa vulnerabilidade, foi o primeiro passo essencial para retomar o controle da minha narrativa pessoal. Este "monstro", nutrido pelo medo, só poderia ser vencido através da bravura em enfrentá-lo, da força de vontade para transcender a vulnerabilidade com resiliência, e da profunda compreensão de que não são nossas circunstâncias que nos definem, mas sim como escolhemos reagir a elas.

Encontrar a força desconhecida dentro de nós é muitas vezes uma jornada que começa no epicentro da nossa maior vulnerabilidade. Eu enfrentei essa batalha, lutando contra o medo e a vergonha de revelar minhas fraquezas, de não atender às expectativas daqueles que me viam como o “super-homem” que eu havia construído em minha mente. Parecia que essa figura invencível tinha “falhado”. Hoje, percebo que essa força sempre esteve lá e continua comigo, quer eu me veja como um super-herói ou simplesmente como um ser humano.

A luta não era apenas para não reviver as memórias e emoções daquele episódio traumático, mas para não alimentar o “monstro” que o medo havia criado dentro de mim. Esse medo era tão avassalador que, sem perceber, eu o nutria diariamente. Crescia, apoderando-se dos meus pensamentos, emoções e ações, culminando em ansiedade e períodos de depressão. Até passar em frente a um hospital me causava calafrios, aperto no peito e crises de pânico.

Embora essas sensações ainda residam em mim, eu as mantive à distância, jogando simbolicamente a chave delas em um oceano de esquecimento. Estou ciente de que podem ressurgir, mas estou mais equipado para enfrentá-las agora. A jornada da superação não foi rápida nem fácil. O desafio estava em redefinir minhas crenças limitantes e entender o processo que precisava ser seguido. Se eu tivesse a sabedoria naquela época para expandir minha consciência e alinhar minhas crenças com meu eu autêntico, teria navegado por essa fase com mais serenidade.

Recordo-me claramente de uma noite, deitado em minha casa, refletindo sobre tudo, quando uma música de Lulu Santos ecoou, tocando minha alma. A letra capturou o que eu estava passando:

"... Se amanhã não for nada disso
Caberá só a mim esquecer
O que eu ganho, o que eu perco
Ninguém precisa saber ..."
(Lulu Santos)

Essa experiência me ensinou que a CORAGEM é o antídoto mais poderoso para o medo. O medo não é uma indicação de fraqueza, mas uma parte natural da experiência humana, ligada ao nosso instinto de sobrevivência. Afinal, o que seríamos sem medo? Imprudentes ao andar em estradas movimentadas ou ao enfrentar predadores ferozes sem reconhecer o perigo?

A verdadeira questão não é eliminar o medo, mas entender como o percebemos. Formamos suposições baseadas em crenças limitantes e experiências passadas. Assim, distinguir entre a realidade e as fabricações de nossa mente é crucial. Isso influencia até a maneira como você interpreta este texto, não é? Imagine, então, como nossas percepções mudariam sem o véu do medo. Seríamos mais audaciosos ou simplesmente imprudentes, guiados apenas por impulsos?

Capítulo 05

O QUE VOCÊ QUER SER QUANDO CRESCER?

"Minha realidade é tão fantástica quanto minha fantasia é real."

(George Jeans apud Radino, 2003)

Sempre que estabelecemos planos ou metas, temos um ponto de origem específico. Isso se reflete em vários aspectos da nossa vida, seja na busca por influência nas redes sociais, na formação de relacionamentos significativos, na construção de uma família, na perseguição de uma carreira desejada ou até na realização de feitos extraordinários, como um voo lunar. Todas as nossas escolhas são formadas por decisões presentes com um olho no futuro, e são moldadas por nossas crenças, valores e identidade. Cada decisão traz consigo consequências, positivas ou negativas, mas todas desembocam em resultados. Portanto, é crucial ser prudente nas escolhas que fazemos.

Quando crianças, nossos sonhos pareciam facilmente alcançáveis, muitas vezes sem a plena compreensão dos desafios implicados. Quem dentre nós não ambicionou ser astronauta, médico, bombeiro ou até um super-herói? Alguns mantiveram esses sonhos vivos, enquanto outros os deixaram pelo caminho. Contudo, esses sonhos de infância permanecem conosco, alojados em algum recanto da nossa mente, manifestando-se de formas que às vezes nem percebemos.

Imagine, por exemplo, que na sua infância você sonhava em ser o Super-Homem ou a Mulher-Maravilha. Você já refletiu sobre o que motivava esse desejo de se tornar um super-herói? E se você fosse a uma festa à fantasia hoje, que personagem escolheria para encarnar? O que influenciaria essa escolha?

De acordo com o dicionário da língua portuguesa (Bueno, 2000), "fantasia" está ligada a conceitos como "ideia", "imaginação" e "desejo". É uma esfera mental repleta de possibilidades ideais e imaginativas, um campo fértil para os sonhos, mesmo que sua realização no plano material seja improvável ou até impossível.

Dessa forma, não se pode negar que nossas "fantasias" têm um papel em nossas ações e decisões. Ao revisitar os sonhos e aspirações da nossa infância, podemos ver um fio de continuidade ligando nossos anseios passados às ações presentes. Talvez eu não tenha me tornado médico, mas encontro propósito em ajudar os outros. Talvez eu não seja um super-herói, mas busco viver conforme os valores da justiça.

A pergunta "O que você quer ser quando crescer?" carrega em si uma simplicidade enganadora. Aparentemente, ela busca uma resposta direta, geralmente associada a uma profissão ou status. No entanto, à medida que crescemos e acumulamos experiências, compreendemos que essa questão é muito mais profunda do que parece. Ela diz respeito não apenas à carreira que desejamos seguir, mas também a quem queremos nos tornar como pessoas.

Quando somos crianças, nossas respostas são frequentemente idealizadas e baseadas em nossos interesses e admirações do momento - queremos nos tornar astronautas, bombeiros, médicos, super-heróis, porque essas figuras simbolizam aventura, heroísmo, cuidado e força. Não temos a compreensão completa do que cada uma dessas escolhas implica; nossos sonhos ainda não são limitados pelas complexidades e realidades práticas da vida adulta.

Porém, com o passar do tempo, ganhamos experiência, enfrentamos desafios e aprendemos com nossos erros. Nossas respostas àquela antiga pergunta começam a se transformar, não se baseando mais em idealizações, mas em uma mistura de nossas paixões, habilidades, valores e as realidades da vida que conhecemos.

Se pudéssemos voltar no tempo e responder àquela pergunta com o conhecimento que temos agora, nossas respostas seriam certamente diferentes. Elas levariam em conta não apenas nossos interesses, mas também nossos valores, as causas que nos são caras e o impacto que queremos ter no mundo. Queremos ser indivíduos compassivos, corajosos, justos, persistentes. Queremos criar, influenciar, ajudar, aprender.

Refletir sobre como seu objetivo de vida atual se alinha com a resposta que você daria agora é um exercício poderoso. Permite que você avalie se está vivendo de acordo com seus valores fundamentais e se suas ações estão te levando na direção que deseja. Se houver um desalinhamento, tal reflexão pode ser o catalisador para mudanças significativas em sua vida, carreira ou relacionamentos.

Então, "o que você quer ser quando crescer?" não é apenas uma pergunta sobre sua ocupação, mas sim sobre o tipo de pessoa que você deseja se tornar e o legado que deseja deixar. Independentemente da idade, é uma questão que continua a ter relevância, pois estamos sempre evoluindo, aprendendo e, de certa forma, continuamos a "crescer".

A sua criança interior se orgulha de você?

Nessa fase da vida, não compreendemos completamente os desafios ou as etapas necessárias para realizar nossos sonhos; temos apenas desejos ilimitados. Crianças que sonham em ser médicas, por exemplo, não entendem totalmente a extensa jornada acadêmica, as noites e fins de semana de estudo, os sacrifícios exigidos pela vida acadêmica e os investimentos necessários. Na infância, nos falta uma base para entender a complexidade do mundo e o que é preciso para evoluir e se tornar um "Super-Homem" ou uma "Mulher-Maravilha". Contudo, acredito que todos nós adquirimos certos "superpoderes" em nossos comportamentos na idade adulta, você não acha?

Durante um jantar, Cláudia (nome fictício) confessou que frequentemente se sente paralisada, compartilhando seus desejos ocultos e expressando sua infelicidade. Naquela noite, ela falou sobre a angústia que sentia ao retornar para casa nos últimos tempos. Embora tivesse um trabalho bem remunerado, um casamento duradouro e estivesse envolvida em sua paixão profissional (atuando em uma clínica de estética), ela não conseguia se livrar da sensação de que algo estava faltando em sua vida, uma sensação que invadia seus pensamentos de forma persistente.

Enquanto conversávamos, eu tentava entender o que estava por trás desses sentimentos. Minha primeira impressão de Cláudia era de uma mulher forte, confiante e bem-sucedida. No entanto, uma questão me perturbava: como alguém que aparentemente alcançou tanto ainda pode ser consumido por sentimentos de infelicidade? Conforme abordávamos o assunto da superação pessoal, ela revelou que, apesar de todos os sucessos em sua carreira, sentia-se presa, limitada e insegura em certas áreas de sua vida. Essa sensação de inadequação persistia, fazendo-a questionar suas habilidades e se as pessoas ao seu redor gostavam dela pelo que ela é ou por sua posição social.

Na psicologia, existe um termo chamado "criança interior ferida". Esse conceito se refere às emoções e traumas não resolvidos que carregamos da infância para a vida adulta. Essas feridas emocionais podem surgir de experiências dolorosas, traumáticas ou negativas vividas na infância, como abuso, negligência, abandono, rejeição ou separações traumáticas dos responsáveis.

Os efeitos da "criança interior ferida" na vida adulta podem se manifestar de várias maneiras, incluindo uma baixa autoestima em situações onde não parece haver razão para tal, como na angústia de Cláudia. Além disso, a "criança ferida" pode se revelar por meio de várias características, como dificuldade em estabelecer ou manter relacionamentos saudáveis, comportamentos autodestrutivos, dificuldades na expressão e gestão de emoções, e uma tendência a repetir padrões disfuncionais aprendidos na infância.

As emoções não resolvidas, necessidades não atendidas e traumas não superados não desaparecem facilmente. É crucial entendê-los e ressignificá-los. Às vezes, nos encontramos em situações em que não conseguimos entender nossos próprios comportamentos. Isso pode ser visto em pessoas que continuam em casamentos ou relacionamentos tóxicos, apesar das adversidades. Elas podem ter medo de terminar esses relacionamentos devido ao temor da solidão. Muitas vezes, esses indivíduos carregam uma crença profunda de que não merecem felicidade ou respeito dos outros, imaginando que, se deixarem o relacionamento, enfrentarão solidão perpétua.

Mas eu me pergunto: todas as pessoas que escolhem se separar estão realmente destinadas a uma solidão eterna? Aqueles que decidem terminar um relacionamento não têm a chance de buscar a felicidade novamente? Essas questões podem ser extrapoladas para outros aspectos da vida. Por que, mesmo sabendo que nossa situação atual é limitante, falhamos em avançar? É o medo? Insegurança? Será que nossa dependência emocional vem de uma desvalorização interna?

Além disso, a "criança ferida" se manifesta constantemente em nossas vidas, trazendo consigo as experiências negativas daquela criança interior que nunca disse adeus. Isso muitas vezes nos impede de progredir. Imagine que todos temos uma criança interior, e como qualquer criança, ela precisa de compreensão, orientação e cuidado.

Ignorar essas feridas pode dificultar nossa jornada da superação. A seguir, vou detalhar as três dores mais comuns nesse contexto:

Dor#1 - Medo do abandono

O medo do abandono vai além da ausência física, englobando também a rejeição emocional. Desde o início da vida, um adulto serve como nosso principal modelo. A falta dessa presença pode gerar dúvidas internas, que, por sua vez, podem prejudicar o crescimento pessoal. Essas incertezas podem persistir por diferentes estágios da vida, impactando a autoestima. A pessoa começa a questionar se é digna de amor, carinho e amizade. Dependendo de como o abandono ocorreu, pode surgir um profundo sentimento de insegurança, levando a um padrão de pensamento negativo em relacionamentos futuros. Por exemplo, alguém que foi abandonado pela mãe pode temer ser abandonado novamente, seja por um parceiro sentimental ou por amigos.

Para superar esse medo, é fundamental enfrentá-lo, conversando com a nossa criança interior que foi ferida. É vital mostrar que, como adulto, você está presente e que os sentimentos de medo, insegurança e rejeição são baseados em experiências passadas, não na realidade presente. Sua criança interior pode ter passado por situações dolorosas, mas não tinha a compreensão que você tem agora. Você adquiriu conhecimento e tem mais recursos para tomar decisões benéficas para sua vida atual. Uma coisa é certa: você merece felicidade. Faça escolhas saudáveis e crie conexões significativas em sua vida. Você é merecedor.

Dor#2 - Injustiça

É doloroso reconhecer que a injustiça está presente em nossas vidas desde a infância. Muitas vezes, os desafios que enfrentamos não são culpa direta de nossos pais, mas sim de complexos fatores sociais e econômicos. Em muitos casos, nossos pais fizeram escolhas baseadas em circunstâncias além do controle deles. Suas decisões não visavam nos limitar, mas eram consequências do contexto em que viviam. Enquanto algumas crianças tiveram oportunidades educacionais excelentes e férias dos sonhos, essa não é a realidade para muitos. Algumas famílias precisam que seus filhos contribuam para o sustento da casa desde cedo. Outras crianças presenciam violência doméstica, vivenciam a ausência parental ou enfrentam discriminação.

Além disso, a desigualdade em nosso país contribui para essas experiências e, infelizmente, muitas vezes está fora do nosso controle imediato. Embora tenhamos responsabilidade em agir, mudanças significativas podem levar tempo. No entanto, podemos influenciar positivamente nosso ambiente imediato e, se todos fizerem sua parte, estaremos avançando para um mundo mais justo.

No contexto familiar, a percepção de injustiça pode levar a crenças negativas e sentimentos de raiva.

Uma criança pode ver seu mundo como fundamentalmente injusto, criando convicções que perduram pela vida adulta. Uma dessas crenças pode ser que esforços pessoais são inúteis porque ela nunca alcançará seus objetivos. Essa sensação pode fazer parecer que apenas outras pessoas conseguem sucesso, enquanto ela própria nunca será reconhecida por seus méritos. Por outro lado, algumas pessoas podem se tornar rebeldes, acreditando que nada na vida é justo. Isso pode levar a um comportamento egoísta e dificuldades de adaptação social, com a mentalidade de "se o mundo não é justo, farei do meu jeito, sem me importar com os outros".

Apesar das injustiças do mundo, generalizar toda situação como injusta não é produtivo. É importante reconhecer situações de injustiça como parte de um processo reflexivo e educacional. Entender que não devemos buscar vingança ou replicar injustiças é crucial, pois tal comportamento não é natural ou justificável. Transformar dor em oportunidade de crescimento é uma abordagem mais saudável. Estamos aqui para aprender e contribuir para a evolução de todos ao nosso redor.

Dor#3 - Medo do desconhecido

Em algum momento da nossa infância, todos nós enfrentamos o medo do escuro, da solidão ou de figuras assustadoras como o "Lobisomem" ou o "Homem do Saco". Sentir medo é parte da nossa essência. Sem ele, nossa evolução pode ficar estagnada, e sem esse progresso, nosso crescimento não atinge o nível necessário para superar os objetivos que traçamos em nossas vidas.

Pare e pense sobre suas emoções. Qual foi seu sentimento quando aprendeu a andar de bicicleta? Sentiu medo? Alegria? Receio de cair ou se ferir? Preocupação em machucar alguém? Temor do riso alheio caso não conseguisse se equilibrar? Se o medo o impediu de aprender a andar de bicicleta, reflita sobre o que o deteve ou continua barrando você. Todos compartilhamos essa apreensão do desconhecido, embora em graus variados, mas a intensidade desse medo está diretamente ligada à forma como encaramos o desafio. Como você encararia o desafio de se aventurar em um mergulho no mar, cercado por tubarões? De escrever um livro ou pilotar um avião?

Em todos esses cenários, é natural que haja algum grau de medo presente. O que distingue essas situações são os desafios que se alinham com o momento atual da sua vida, moldados pelas experiências que você vivenciou durante a infância.

Se, durante a infância, você foi encorajado a enfrentar desafios, é provável que tenha desenvolvido a coragem necessária para, no mínimo, tentar aprender e realizar diversas atividades, inclusive dominar os procedimentos para acionar a turbina de um avião.

Devemos, enfim, estimular constantemente a curiosidade, pois ela nos capacita a buscar compreensão e a criar soluções alternativas com base na nossa prioridade. Desbravar o território do desconhecido, encarar o temor do novo e contemplar os resultados positivos que o desconhecido pode proporcionar têm o poder de motivar você a se abrir para vivenciar uma nova experiência. Pense nisso! Imagine se, neste momento, você não se limitasse em alcançar seus objetivos devido a algum medo que criou em sua mente. Crie esse cenário onde esse medo simplesmente não faz parte da equação.

Enquanto nos aventuramos pelo desconhecido e aprendemos a navegar pelas águas inexploradas de nossos medos, é vital reconhecer a importância de fazer isso de maneira segura e consciente. É perfeitamente normal — e saudável — ter medos, pois eles muitas vezes servem como indicadores de precaução que nos protegem. Ao decidir enfrentar seus medos, faça-o com sensatez, buscando conhecimento, preparação adequada e, quando necessário, o suporte de profissionais. Dessa forma, cada pequeno passo que você der em direção ao desconhecido será construído sobre uma base de confiança e responsabilidade, permitindo que você cresça enquanto mantém o seu bem-estar em alta prioridade. Lembre-se: superar medos não se trata de realizar atos imprudentes, mas de aprender a entender e gerenciar suas emoções de maneira a expandir suas experiências de vida de forma saudável e enriquecedora.

Não há superação sem vulnerabilidade

Durante meu período de aprendizado, um professor recomendou a leitura de "A Coragem de Ser Imperfeito", da pesquisadora Brené Brown. A obra explora a vulnerabilidade, mostrando como lidamos com a incerteza, o risco e a exposição emocional, que frequentemente nos deixam ansiosos e preocupados.

Brené argumenta que a vulnerabilidade não é o problema; o verdadeiro desafio é quando reprimimos nossos comportamentos, evitando situações que nos expõem ao medo e à ansiedade. Quantas vezes deixamos de experimentar algo por medo da rejeição? Quantas ideias, projetos ou sentimentos não expressamos por receio de exposição ou de como os outros reagiriam? Superar essas barreiras implica assumir riscos e se permitir ser vulnerável, abrindo caminho para a felicidade que acreditamos merecer.

No mundo corporativo, algumas empresas erram ao apresentar líderes como figuras inabaláveis, sem oferecer suporte adequado. Isso gera uma falsa percepção de eficiência, levando os colaboradores a esconderem suas inseguranças e limitar sua criatividade. Apenas um pequeno grupo parece entender e aplicar a ideia de vulnerabilidade no ambiente de trabalho sem serem oprimidos pelo medo ou insegurança, não por culpa própria, mas devido a uma cultura empresarial distorcida.

Essa cultura restritiva evita discussões profundas e feedbacks honestos, limitando o crescimento pessoal e profissional. Em um sistema onde o medo de falhar prevalece, perdem os colaboradores, o mercado e a empresa. Estamos cercados por um vasto conteúdo sobre liderança e cultura ágil, promovendo um ambiente de "errar rápido e melhorar", mas ainda lutamos contra uma gestão arcaica focada apenas em resultados, sufocando a expressão da vulnerabilidade.

Embora enfrentar nossos medos e permitir-se ser vulnerável possa ser libertador e promover o crescimento pessoal, é importante fazê-lo de maneira segura e consciente. Em situações que provocam ansiedade significativa, insegurança ou medo, especialmente no ambiente de trabalho ou em relacionamentos pessoais, pode ser prudente buscar o apoio de profissionais, como psicólogos ou conselheiros, que podem oferecer estratégias e suporte adequados. Não hesite em procurar ajuda quando se deparar com desafios que parecem intransponíveis; cuidar da sua saúde mental e emocional é fundamental.

O cenário é mais desafiador quando não há segurança psicológica, seja no trabalho ou em relacionamentos pessoais. No entanto, é vital buscar a felicidade e a paz interior, mesmo que isso signifique enfrentar o desconhecido e cometer erros. Segundo Brené, precisamos encarar nossa história, que é construída tanto por sucessos quanto por momentos de aprendizado. Ser autêntico é navegar por um mar de incertezas, fazendo escolhas e expondo nossa vulnerabilidade. Lembre-se de que sua jornada para a superação vai envolver momentos de vulnerabilidade. Esteja pronto para transformar seu medo em um aliado e usar sua ansiedade como combustível para seus objetivos.

A cura está na sua melhor versão

Agora, convido você a participar de um exercício de imaginação. Para obter o máximo proveito, sugiro que continue lendo em um ambiente tranquilo e minimize as distrações ao seu redor. Isso ajudará a tornar a atividade mais eficaz para você.

***

Imagine-se em um campo, com cachoeiras e pássaros. Pássaros de todos os tipos. Os sons da cachoeira encantam seus ouvidos e, neste lugar, você opta por fazer uma caminhada solitária. Durante horas, você explora os diversos pontos que você mesmo imaginou nesse local imaginário. A estradinha de terra, as belas árvores, o lago com os peixes, a cachoeira — todos esses elementos contribuem para criar uma atmosfera de tranquilidade. Até mesmo o ar que você respira parece conter uma leveza especial. Pode ser que você já tenha conhecido esse lugar ou talvez seja um local que você possa criar em sua imaginação.

Durante essa caminhada, surge um senhor de aproximadamente 89 anos, cabelos grisalhos, estatura mediana, sentado de costas para você em uma banqueta de concreto, segurando um cajado. Ele está com uma roupa toda branca, porém seu rosto e identidade permanecem ocultos. No entanto, você consegue captar a pureza do seu olhar e a simplicidade e sinceridade do seu sorriso.

Com entusiasmo, o idoso convida-o a compartilhar a beleza do local, explorando desde os monumentos e suas histórias até a nascente da encantadora cachoeira. Horas a fio são dedicadas ao diálogo, com ele explanando minuciosamente cada aspecto daquele paraíso. Ele detalha o ciclo de vida das árvores e flores, além de revelar a origem das águas que esculpem a paisagem rochosa daquela cachoeira.

Naquele momento, ele observa que cada parte daquele paraíso tem uma história, por vezes narrativas que escapam ao conhecimento de muitos quanto ao seu propósito genuíno e crucial na configuração daquele ambiente. Mesmo que nem todos estejam cientes de sua importância dentro do contexto de cada história, é fundamental prestarmos homenagem e respeito, pois tudo adquire sentido quando paramos para refletir. Cada detalhe se conecta e contribui de maneira singular.

Ao se aproximarem da bela cachoeira, o senhor convida-o a sentar-se e lhe estende seu cajado, transmitindo uma sensação de segurança e serenidade com seu olhar singelo. Com mãos trêmulas, ele segura suas mãos, fixando o olhar em seus olhos, e formula uma pergunta profunda: "Qual é a verdadeira história que você está contando a respeito da sua própria história?"

Antes desse exercício, gostaria de saber se você já refletiu sobre a narrativa que está construindo para si? Durante anos, percorremos a jornada da vida, acumulando tanto momentos notáveis quanto aqueles menos destacados. Independentemente da natureza das nossas vivências e das experiências que colecionamos, extraímos lições que gradualmente fortalecem nossa trajetória.

Quer você aceite ou não, cada acontecimento em nossa vida contribui para nos tornar um ser humano aprimorado. Acredito que todos ingressamos neste mundo com o propósito de aperfeiçoar nossa condição humana a cada dia. Para atingir esse objetivo, é crucial interpretarmos nossos valores fundamentais alinhados com nossa essência e agirmos de acordo com eles. Esse processo nos conduz a um estado evoluído, permitindo-nos alcançar a nossa versão mais refinada.

Acredite, diariamente nos tornamos uma versão melhor de nós mesmos. Tudo o que enfrentamos em nossa vida se transforma em características de um aprendizado sem limites e, ao mesmo tempo, cativante. É intrigante pensar como algo ruim pode possuir aspectos positivos. Isso nos leva a considerar outras questões igualmente paradoxais:

- *Por que preciso enfrentar situações adversas, mesmo cultivando tantos pensamentos positivos?*

- *Como foi que não percebi que determinada situação me traria desconforto?*

- *Como é possível enxergar aspectos positivos em um evento que me causou danos?*

Esses questionamentos são comuns, e quero que saiba que você não está, ou melhor, nunca esteve sozinho nesses pensamentos. Contudo, possuímos a oportunidade de exercitar um aspecto mais saudável de nosso raciocínio, visto que a chance de engajarmos em um ciclo positivo de superação é imensamente maior do que seguir qualquer outra estratégia.

Frequentemente me vejo em profunda reflexão, plenamente consciente dos desafios que enfrentar adversidades impõe. Nesse contexto, convido você a pensar em uma situação difícil pela qual passou ou que está enfrentando agora. Uma situação que não trouxe os resultados esperados. Talvez uma meta não atingida, um projeto no qual você dedicou meses e que não foi aprovado, uma promoção negada, ou mesmo o fim de um relacionamento. Nossa "melhor versão" realmente necessita ver tudo sob uma luz negativa? Ou questionar constantemente nossa capacidade de resiliência? Sempre que encontro um obstáculo, faço um exercício de introspecção, procurando entender o que o momento atual está tentando me ensinar para que eu possa evoluir.

Uma certeza que tenho: em cada evento, mesmo os mais desafiadores, existe uma intenção positiva, que muitas vezes é o aprendizado derivado da experiência.

Diante de um momento difícil, pergunte-se: "Qual é o aprendizado que essa situação busca me proporcionar?" Infelizmente, tendemos a concentrar nossa atenção no aspecto "vazio" do copo quando as coisas não saem como planejado, seja na vida pessoal ou profissional, revivendo incessantemente o que deu errado.

Eu enfatizo o poder das palavras em alterar nossos pensamentos, atitudes e, consequentemente, nossos resultados. Temos uma força incrível dentro de nós, muitas vezes latente ou não canalizada para nosso benefício. É peculiar como essa dinâmica funciona.

Possuímos recursos que podem nos levar ao estado desejado, talentos disponíveis, mas frequentemente subutilizados. Muitos desses recursos são moldados pelo ambiente em que vivemos e pelas orientações que recebemos. Quando ressaltamos o poder extraordinário das palavras em nossas mentes, estamos enfatizando sua capacidade quase mágica de nos motivar e impulsionar. Como Sigmund Freud bem observou, "as palavras eram originalmente magia e ainda retêm muito de seu poder mágico antigo".

Para ilustrar o poder das palavras em moldar nosso comportamento, imagine uma criança advertida pelos pais com frases como "o homem do saco virá buscá-la" para impedi-la de ficar fora de casa. Não seria mais positivo usar uma abordagem construtiva, em vez de ameaças ou expressões que instilam medo ou crenças limitantes? A lição aqui é a crucialidade da escolha cuidadosa de nossas palavras, especialmente com crianças, cujos pensamentos estão sendo formados e solidificados, potencialmente afetando seu desenvolvimento.

Quando afirmamos ou refutamos pensamentos em nossa mente, estamos fortalecendo essas ideias, permitindo que elas moldem nossos resultados. Cada pensamento é uma fonte de energia que, se corretamente direcionada, pode transformar nossa maneira de enfrentar desafios e superar crenças limitantes.

Entender, questionar e refletir sobre seu momento presente e os benefícios nele contidos é o caminho para atingir uma versão mais elevada de si.

Confie nesse processo. Ao embarcar nesta jornada, você ativará recursos internos possivelmente desconhecidos até então, alterando sua forma de viver e trazendo mais leveza e clareza ao seu caminho.

Capítulo 06

Seu principal adversário na superação: o Ego

"É impossível enfrentar a realidade o tempo todo sem nenhum mecanismo de fuga."

(Sigmund Freud)

Neste capítulo, exploraremos um tópico fundamental na jornada da superação pessoal: o ego. Frases como "o ego dele é maior do que ele" ou "cuidado com o ego, ele pode te cegar" são comuns e retratam o ego como uma entidade potencialmente perigosa e dominadora. Eu entendo o ego como uma manifestação de nossos mecanismos de defesa, uma construção baseada em como vivemos e interpretamos a vida.

Mas, qual é o verdadeiro papel do ego em nossa existência? Em psicologia, o ego é uma parte inerente do ser humano, um aspecto que ninguém vive sem e que é difícil de se distanciar. É frequentemente associado à arrogância e à vaidade, e é comum explorarmos sua significância por meio de argumentos e justificativas.

O ego é um aspecto central da nossa personalidade, responsável tanto pelos nossos instintos de sobrevivência quanto pela nossa tendência de persistir na crença de estarmos sempre corretos, mesmo diante de uma realidade que pode ser bastante diferente. Portanto, por que enfrentamos dificuldades em compreendê-lo e em utilizá-lo de forma que nos beneficie?

Uma figura importante ao discutir o ego é o médico e pesquisador austríaco Sigmund Freud (1856-1939), pioneiro na formulação dos conceitos de ego, id, e superego na psicanálise. O ego é um mediador entre o id, que é a fonte de nossos desejos primitivos e impulsos básicos, e o superego, que representa nossos valores morais e ideais. Ele busca equilibrar essas forças com as demandas da realidade externa.

Além disso, o ego é a parte consciente de nós mesmos, desempenhando um papel crucial na interpretação de memórias, percepções, emoções e realidade, tudo sob a influência do ambiente externo.

Adotando uma visão mais pragmática, o ego é o que nos motiva a avaliar as pessoas ao nosso redor com base em nossos próprios interesses e experiências. É a voz interna que nos orienta, para o bem ou para o mal, influenciada por nossa visão de mundo.

Desde a infância, nossa personalidade e identidade são moldadas pelas influências do ambiente que nos cerca. Aprendemos a nos proteger das ameaças percebidas, o que contribui para a formação do nosso ego. Apesar de frequentemente discutirmos o ego e até oferecermos conselhos sobre ele, raramente nos detemos para entender profundamente o seu verdadeiro impacto em nossas vidas.

O ego é o aspecto de nossa mente que molda nossa percepção do mundo. Ele atua como um divisor entre nossa consciência e o inconsciente, uma fronteira que muitas vezes não conseguimos visualizar ou compreender completamente.

Dentro de nós existe um vasto universo inexplorado, conhecido como o inconsciente. Ao mesmo tempo, vivemos na esfera de nossa mente consciente, nosso ego. Aqui, identificamos dois aspectos distintos: o ego e a essência. A essência, ou o self, é central em nossa psique. Nosso grande desafio é buscar equilíbrio e superação através do alinhamento entre nosso ego e nosso self. É somente por meio desse alinhamento que podemos começar a reformular nossa percepção do mundo e de nós mesmos.

Todos nós enfrentamos um desafio universal: aprender a viver nossas experiências em perfeita harmonia com nossa essência. Provavelmente, você já vivenciou momentos repletos de positividade, onde sua essência assumiu um papel protagonista. Permita-me ilustrar com alguns exemplos:

- ***Realização de um Sonho:*** A sensação de euforia ao concretizar um sonho ou meta almejada por tanto tempo está intrinsecamente ligada à nossa essência mais autêntica.

- ***Conexões Genuínas:*** Aqueles momentos de profunda ligação com outras pessoas, repletos de sinceridade e empatia, são expressões genuínas de nossa essência.

- ***Superar Desafios Pessoais:*** Ao enfrentarmos e vencermos obstáculos formidáveis, ativamos um núcleo interno de força e resiliência, componentes vitais de nossa essência.

- ***Criatividade Expressiva:*** Quando nos entregamos a atividades criativas, seja na arte, na música ou na escrita, frequentemente acessamos o cerne de nossa essência, libertando nossa criatividade para fluir sem barreiras.

- ***Momentos de Pleno Contentamento:*** São aquelas ocasiões nas quais nos encontramos em total satisfação e paz com nós mesmos e com o mundo, revelando uma profunda conexão com nossa essência mais sincera.

- ***Decisões Alinhadas:*** As escolhas que fazemos, quando em total concordância com nossos valores e convicções mais íntimos, são manifestações diretas da orientação de nossa essência.

- ***Instantes de Profunda Gratidão:*** Quando a gratidão intensa e genuína preenche nosso ser, é um sinal claro da conexão com nossa própria essência.

São em momentos assim que relegamos ao segundo plano quaisquer desejos superficiais ou ambiciosos, permitindo que nossa essência prevaleça. Devemos, no entanto, permanecer vigilantes, pois é frequente que nossa essência seja obscurecida pelo ego, que possui natureza efêmera, enquanto a essência é eterna.

Lembra-se de Cláudia, que mencionei no capítulo anterior? Permita-me usar sua história como um prisma através do qual podemos explorar mais profundamente as distinções entre o ego e a essência.

- Por que indivíduos como ela, ostentando sucesso com seu apartamento sofisticado, carro último modelo, viagens ao exterior e uma situação financeira estável, ainda se percebem imersos na infelicidade?

- Estariam eles enredados no que eu chamo de um drama encenado da vida moderna?

- Vale a pena viver atrás de um cenário ilusório, adaptando constantemente as máscaras que vestimos, apenas para, ao cair do pano, confrontarmos uma identidade fragmentada por fantasias e desencantos?

- Qual o sentido de uma existência dedicada unicamente a esquivar-se do julgamento alheio ou a projetar para a sociedade uma miragem de perfeição?

Uma citação atribuída ao Rei Salomão, datada de três séculos antes de Cristo, ecoa com significado até hoje: "tudo é vaidade". Eu concordo e compreendo os riscos inerentes a essa afirmação. Afinal, a vaidade transborda em uma busca interminável por validação externa, alimentando uma autocrítica implacável.

Apesar de muitos sucumbirem à armadilha sedutora da vaidade, nem todos se perdem nesse caminho. Observamos indivíduos abastados descontentes com suas riquezas, em contraste com aqueles de vida simples que encontram contentamento nas necessidades fundamentais da existência. A escassez de recursos não traduz, por si só, um prenúncio de infelicidade, assim como a prosperidade não é um sinônimo automático de alegria.

Cruzei caminhos com pessoas que, sob minha perspectiva, possuíam todos os motivos para se perceberem como vítimas do destino, mas que, contrariamente, exibiram uma resiliência admirável para transcender suas adversidades.

É crucial reconhecer as ciladas que o ego estabelece e cultivar uma perspicácia que nos previna de ser ludibriados, conservando a atenção naquilo que nossa essência genuinamente anseia. Alinhar nossos desejos com nossas aspirações reais é um passo vital para não cairmos sob o véu de ideais ilusórios, onde os frutos colhidos não refletem a autêntica essência de nossa busca.

Ao adentrarmos o complexo território da psicologia, especialmente ao discutir conceitos intrincados como o ego, o id, o superego e o self, é importante ressaltar que estas interpretações refletem minha perspectiva pessoal. A psicologia, como campo de estudo, é repleta de teorias variadas e, por vezes, divergentes. Diferentes autores e especialistas na área podem ter visões distintas sobre esses conceitos, cada um com seus argumentos embasados e teorias profundamente estudadas. No contexto deste livro, optei por apresentar os conceitos que, para mim, ressoam com maior clareza e que acredito serem os mais coerentes com a jornada da superação pessoal que proponho. Encorajo os leitores a explorarem essa fascinante área do conhecimento humano, reconhecendo que a compreensão que aqui ofereço é uma entre muitas, e que cada teoria pode oferecer insights únicos e valiosos em nossa busca pelo autoconhecimento e crescimento pessoal.

Entender, controlar ou eliminar o Ego? Esse é o X da questão!

Diversas perspectivas se entrelaçam ao discutir essa intrincada relação com o ego, semeando dúvidas sobre como nos comportarmos enquanto nos identificamos dentro deste espectro. Afinal, é possível estar em um contexto de abundância (seja de dinheiro ou tempo) e, ainda assim, encontrar-se insatisfeito. O ego, com sua natureza enigmática, frequentemente nos confunde, exigindo uma estratégia consciente para confrontá-lo. Mas como navegamos nessa jornada?

Entender o ego é o primeiro passo para cultivar uma relação mais harmoniosa com essa faceta do nosso ser. Isso demanda uma investigação profunda de suas raízes e das influências que o moldam. Por exemplo, uma pessoa pode perceber que seu ego inflama quando se sente ameaçada em um debate.

Direcionar a atenção para as próprias emoções em momentos de estresse é, sem dúvida, um desafio, mas é um exercício que pode trazer recompensas transformadoras. Aqueles que se dedicam a essa prática ampliam a percepção sobre seus padrões comportamentais e, progressivamente, ganham a habilidade de reagir de maneira mais ponderada e produtiva.

Cada um de nós tem um padrão comportamental distintivo. Ao refletir sobre suas reações em diferentes situações, você poderá discernir esse padrão subjacente. Identificar essa consistência no comportamento é fundamental para catalisar seu crescimento pessoal. Pense, por exemplo, em como você agiu em um projeto bem-sucedido versus um que você não conseguiu finalizar. Ao contemplar os momentos em que esse padrão se desfez, você inicia a jornada de decifrar suas estratégias pessoais em busca dos resultados almejados.

Dominar o ego demanda uma disciplina e uma autoconsciência persistentes. Você é fã de algum esporte? Futebol, natação, vôlei? Imagine-se competindo na sua modalidade favorita. Você sentiu seu coração palpitar com a ideia? Se afirmativo, é possível que você possua um ímpeto competitivo (o que é completamente natural). Nesse cenário, o ego pode ser alimentado pelo desejo de triunfar e se sobressair. Se o seu objetivo é ganhar, você pode canalizar essa energia competitiva para o seu benefício. A autorregulação, aqui, desempenha um papel adicional, possibilitando focar no processo de aprendizagem, na colaboração com o time e no autodesenvolvimento, em vez de mirar apenas no prêmio final.

Adotar responsabilidade, nutrir autocompaixão e exercitar a gratidão são táticas eficazes para manter o ego em cheque. Shawn Achor, um estudioso proeminente da felicidade e autor de "Before Happiness", destaca que nosso corpo é inundado com mais de 11 milhões de bits de informação a cada momento através do sistema nervoso, mas nosso cérebro só consegue processar cerca de 40. Isso sublinha a presença de um espectro vasto de informações ao nosso alcance, muito além do que normalmente captamos, que podem servir como um portal para uma conexão mais autêntica com a realidade. Existe sempre uma nova perspectiva a ser explorada, um ângulo alternativo a ser considerado.

Extinguir o ego completamente é um conceito extremo, muitas vezes ligado a práticas espirituais ou filosóficas avançadas. Embora pareça um objetivo inatingível, algumas tradições defendem que é possível "transcender o ego durante estados de profunda iluminação espiritual ou meditativa". No entanto, é vital reconhecer que essa é uma interpretação multifacetada e representa uma jornada íntima e singular para cada pessoa. Na minha visão, o ego é um componente inescapável de nossa existência, com o qual precisamos aprender a conviver e equilibrar, um processo que será detalhado no próximo tópico.

O antídoto: expansão da consciência

Este livro se concentra no aprimoramento da sua percepção e na compreensão de si e do mundo ao seu redor. Passo a passo, você está construindo uma proteção para sua jornada particular. As práticas meditativas apresentadas aqui, incluindo exercícios de visualização, conduzem a um estado de consciência expandida. É através desse processo que você pode conectar-se mais profundamente consigo mesmo, explorando sua essência.

Com esse autoconhecimento, você desenvolverá a habilidade de conectar-se mais facilmente com os outros através da prática da empatia. Ao nos colocarmos no lugar do próximo, criamos a oportunidade de entender suas experiências, necessidades e desejos, respeitando sua verdadeira essência. Essa expansão de consciência nos capacita a agir com mais compaixão e consideração em relação aos sentimentos e interesses dos outros, superando a tendência de focar exclusivamente em nossos próprios interesses.

Além da conexão consigo mesmo e da empatia, outra maneira de expandir a consciência é explorar diferentes culturas, filosofias e pontos de vista. Após minha experiência de intercâmbio nos Estados Unidos, onde observei aspectos de um país altamente desenvolvido, com cultura e hábitos distintos, bem como avanços tecnológicos significativos, decidi passar um período em um país completamente diferente: o Peru. Situado na costa oeste do subcontinente, com uma população de cerca de 33 milhões de habitantes e vizinho do Brasil, especialmente do Estado do Amazonas, o Peru tem uma economia impulsionada pelo turismo, exploração de recursos naturais e indústria de transformação.

No Peru, tive a chance de adquirir um entendimento profundo da complexidade da natureza humana, o que me incentivou a ser mais tolerante e aberto às diversidades. Essa ampliação de horizontes permitiu-me superar o egoísmo e abraçar uma perspectiva mais inclusiva e compassiva.

Até hoje, algumas pessoas me perguntam se visitei os pontos turísticos mais conhecidos do país, e minha resposta continua sendo negativa. As experiências que vivenciei estavam em lugares que normalmente não são visitados por turistas convencionais.

Durante minha estadia, optei por visitar e ficar em comunidades locais, explorando escolas (cheguei até a participar da inauguração de uma biblioteca pública em uma dessas comunidades), o que me proporcionou um entendimento profundo do estilo de vida das pessoas daquela região.

Claro, como em qualquer nação, existe uma parcela da população com maiores recursos financeiros, cultura e status social elevado. No entanto, esse não era o meu foco durante essa viagem. Após uma experiência em um país desenvolvido, ao encerrar meu intercâmbio, eu estava decidido a conhecer um país que oferecesse uma experiência totalmente oposta à que tive nos Estados Unidos.

Foi uma experiência cultural e social única e reveladora. Naquela ocasião, fiquei absolutamente convencido de que, independentemente dos recursos disponíveis, a empatia prevalecia naquele contexto, com a solidariedade, compaixão e respeito.

Viver essas diferentes realidades permitiu-me recalibrar minha visão sobre vários aspectos da vida. É crucial ampliarmos nossa maneira de ver as coisas. Às vezes, não temos a oportunidade de viajar e conhecer outras culturas, mas temos outras ferramentas, como a internet, livros e blogs, que nos permitem estudar e nos aprofundar em temas que enriquecem nosso entendimento, tornando-nos pessoas com uma visão mais ampla, o que contribui para nossa jornada. Devemos deixar de lado a autovitimização e parar de encontrar desculpas na falta de oportunidades. Se você acredita que não tem as melhores oportunidades na vida, sugiro que comece a criá-las, pois ninguém é mais responsável por sua própria evolução do que você mesmo.

Em resumo, o antídoto para o Ego reside na expansão da consciência. Ao embarcarmos na jornada de autoconhecimento e desenvolvimento pessoal, podemos nos libertar das restrições impostas pelo Ego, alcançando um equilíbrio entre nossas necessidades individuais e a busca por um bem maior. Através da prática da meditação, dos exercícios neste livro, da empatia e da busca pelo conhecimento, abrimos caminhos para uma vida mais significativa e uma conexão mais profunda com os outros e o mundo ao nosso redor. Considere estas práticas como etapas em sua evolução, pois estou convicto de que sua vida tomará um novo rumo assim que você se permitir sair das restrições convencionais e expandir seu horizonte. Amplie sua perspectiva, questione, busque a intenção positiva nas coisas e expanda seu ponto de vista.

E agora, permita-me compartilhar algo importante: você já é uma pessoa extraordinária. Só o fato de você ter chegado até este capítulo mostra que está em um caminho de evolução pessoal. Continue nesta jornada, pois isso o tornará uma pessoa ainda mais valiosa, tanto para si quanto para o mundo ao seu redor.

Peças essenciais do seu quebra-cabeça

Assim como na seção anterior, estamos prestes a embarcar em uma exploração de perspectivas inéditas, continuando nossa jornada de autoconhecimento e crescimento baseada nas PERCEPÇÕES discutidas anteriormente. Por favor, prossiga com estes exercícios apenas se tiver concluído a leitura completa da Seção 2. Ignorar esta etapa pode complicar a montagem do seu quebra-cabeça, resultando em peças potencialmente desconexas.

Cada resposta que você fornecer a estes exercícios será um passo em direção ao desenvolvimento de insights que, direta ou indiretamente, o ajudarão a formular estratégias para superação pessoal.

Conforme mencionado anteriormente, a metodologia deste livro recomenda dedicar duas horas para a leitura e realização dos exercícios. Ao seguir este cronograma, dentro de um período de vinte e quatro horas, você terá esboçado um plano de ação para sua jornada da superação. Este é um momento propício para introspecção, permitindo que você discerne seus sentimentos e pondere suas perspectivas sobre os elementos que contribuirão para a formulação de novas estratégias de superação.

Não se surpreenda se suas reflexões – e, consequentemente, suas respostas – provocarem alguma perplexidade. É perfeitamente normal que, neste estágio, você descubra aspectos de sua essência que eram desconhecidos até então. Lembre-se, as peças do quebra-cabeça estão todas diante de você, dispersas, e só você tem a habilidade de encaixá-las corretamente e no momento adequado. Está tudo claro? Se sim, vamos prosseguir!

AS 06 PEÇAS DA SEÇÃO 2 – PERCEPÇÃO

Faça uso de um diário ou um caderno, seja ele físico ou digital, reservado exclusivamente para registrar as respostas às reflexões que se seguirão.

Peça 1: Evite aceitar de maneira indiscriminada tudo o que pensa, sente e acredita.

1 - Em nossas vidas, enfrentamos situações que nos fazem construir certas visões e crenças limitantes, muitas vezes distorcidas, estabelecidas como mecanismos de defesa. Essas referências podem ter origem em experiências vivenciadas, histórias ouvidas

ou sentimentos experimentados durante a infância, adolescência ou mesmo na fase adulta. Se pudesse listar cinco percepções (crenças) que emergiram ao longo da sua trajetória e que, de algum modo, você sente que estão obstruindo o caminho para o próximo passo, quais seriam?

1.1 – Dentre as cinco percepções listadas, qual delas você acredita que exerce o menor impacto no seu processo de superação? Por que você considera que essa percepção em particular tem uma influência menos pronunciada no seu desenvolvimento atual?

1.2 – Qual dessas percepções, visões ou crenças limitantes você considera que, neste momento, seja responsável por mais de 80% dos obstáculos que enfrenta na busca por atingir seu objetivo?

1.3 - Refletindo sobre a percepção, visão ou crença limitante de menor e maior impacto, discorra sobre os prós e contras de mantê-las.

1.4 - Visualize um cenário onde você atinge sua superação com êxito. Se desejar, desenhe, redija um texto ou selecione uma música que instigue a sensação de realização dessa superação de maneira vívida. Após formular essa imagem mental, responda: Como seria sua jornada se essas percepções limitantes não interferissem no seu processo de realização? Como se sentiria? Quais emoções surgiriam? O que diria para si mesmo ao vivenciar essas emoções?

Peça 2: Fortaleça seu processo de superação através do extraordinário.

2 - Reconhecemos a profundidade do significado da nossa própria superação. Somente nós podemos vivenciar plenamente as emoções que ela desperta e compreender os benefícios que traz para nossas vidas. Em uma escala de 0 a 10, que nota você daria para a importância real da superação em sua vida?

2.1 – Qual seria a sensação mais gratificante que a superação poderia proporcionar? Quais sentimentos e emoções você acredita que essa conquista despertaria em você?

2.2 - Como a falta de superação afetaria sua vida? Liste as cinco principais desvantagens de não alcançar essa superação.

2.3 – Os resultados que você tem alcançado, sejam eles pequenos ou grandes, são mais influenciados pela sua perspectiva ou pela de outra pessoa? Quem você acredita que desempenha o papel principal na sua jornada da superação?

Peça 3: Superação vs Vulnerabilidade

3 - Culturalmente, somos muitas vezes incentivados a exibir força e invulnerabilidade desde a infância. Expressões de emoção, como o choro, são frequentemente vistas como sinais de fraqueza. Isso pode nos levar a ocultar nossa verdadeira identidade e viver de

acordo com uma imagem que não reflete quem somos, tudo em nome de uma vantagem competitiva. Como você avalia sua capacidade de se mostrar como realmente é, sem disfarces ou máscaras, e de viver de acordo com sua verdadeira essência?

3.1 – Recorde uma situação em que sentiu que suas ações foram incongruentes com sua essência. Que pensamentos e emoções surgiram após esse momento? Quais foram as desvantagens que você enfrentou ao agir dessa forma? Se tivesse adotado uma abordagem diferente, que benefícios duradouros poderiam ter surgido?

3.2 - Pensando no seu objetivo atual e no desejo de superação, há alguma vulnerabilidade específica que acredita que precisará enfrentar? Qual é o seu maior desafio nesse aspecto?

3.3 - Quais seriam os benefícios e aprendizados obtidos ao confrontar essa vulnerabilidade? E qual seria a pior consequência que você teme, caso não consiga superar esse possível medo da vulnerabilidade?

3.4 – Ao imaginar o futuro, como você se vê superando seus desafios e enfrentando suas vulnerabilidades?

Peça 4: Alcançando minha melhor versão.

4 - Se você tivesse que classificar a si mesmo em uma escala até 10, onde 10 é a sua melhor versão

possível, que nota você atribuiria honestamente para o seu estado atual?

4.1 - Quais recursos internos você reconhece em si mesmo e aceita que possui, mas que estão temporariamente inacessíveis ou não utilizados, impedindo-o de viver como sua melhor versão?

4.2 - Se tivesse que criar a capa de um livro que representasse um estado ou situação que está bloqueando você, que título daria a esse livro?

4.3 - Em suas reflexões, qual é a crença ou sentimento principal que você sente emanar de sua verdadeira essência, em relação à melhor versão de si mesmo que ainda está por se manifestar?

Peça 5: Eu cuido da minha criança interior.

5 - Não temos o poder de apagar nossas experiências e sentimentos da infância. No entanto, temos a capacidade de moldar nossa perspectiva sobre as memórias que essas experiências evocam. Convido você a embarcar em uma jornada cinematográfica única, onde você assume o papel de diretor de um filme muito especial. Este filme será exibido em um grande cinema, seja na sua cidade, no seu bairro, ou até mesmo na intimidade da sua casa. Você é o roteirista e o diretor deste filme, com o poder de detalhar cada cena com clareza cristalina, som imersivo, iluminação perfeita e até mesmo a evocação de cheiros.

O tema deste filme é a sua infância. Você tem a liberdade criativa para revisitar os momentos alegres, como a emoção de andar na sua primeira bicicleta, a alegria de brincar com sua primeira boneca, o nervosismo do primeiro dia de escola, ou a calorosa celebração das festas de fim de ano em família. No entanto, sua narrativa também pode percorrer momentos mais desafiadores, como a dor de uma desilusão com alguém próximo, a solidão de se sentir abandonado, ou a angústia da rejeição.

Comprometa-se a criar um filme que abranja os altos e baixos da sua infância, oferecendo a você a oportunidade de refletir e se reconectar com essa parte essencial da sua vida.

5.1 - Após elaborar ou visualizar o filme que conta a história da sua infância, quero convidá-lo a revisitar uma cena específica que não foi tão agradável, na qual a criança que você era sentiu-se infeliz. Agora, desenhe uma imagem que represente essa cena e, ao lado desse desenho, escreva as palavras que descrevem as emoções que essa criança estava sentindo naquele momento. Após esta etapa, utilizando a sabedoria e a perspectiva que você possui hoje, que conselhos você daria para essa criança para ajudá-la a encontrar a felicidade?

5.2 - Utilizando duas canetas de cores diferentes, escreva cinco perguntas à sua criança interior, explorando suas emoções, suas saudades e sua perspectiva sobre os momentos vividos. Em seguida, responda a essas perguntas com a outra mão, permitindo que a criança interior em você fale. Deixe as respostas fluírem naturalmente, sem julgamentos ou rótulos. Você pode se surpreender com o que descobrir.

5.3 - Encontre uma fotografia de sua infância ou, se não tiver uma, escolha uma imagem de uma criança que você sinta que se assemelha a você quando era pequeno. Dedique um momento para observar a imagem detalhadamente. Tente perceber a mensagem que essa criança está tentando transmitir. Analise o ambiente onde a foto foi tirada. Qual é a emoção predominante na imagem? A criança parece feliz, triste, assustada? Observe a expressão facial da criança e como essa imagem afeta você emocionalmente.

Em seguida, coloque essa foto em um lugar especial, talvez perto de sua cama, e dedique um tempo nos próximos vinte e quatro dias para conversar com essa imagem antes de dormir, oferecendo carinho, amor e segurança. A partir de agora, você é o protetor dessa criança interior.

Peça 6 – Identificando os impactos do Ego.

6 - A habilidade de controlar nosso ego é fundamental, pois a autogestão de nossos pensamentos e comportamentos é uma ferramenta poderosa que nos permite superar desafios diários. Pense nas intenções positivas que estão guiando sua jornada da superação. Qual é o propósito mais profundo por trás delas?

6.1 - Na vida cotidiana, tendemos a buscar a companhia daqueles que ecoam nossas próprias opiniões. No entanto, é inevitável que nos encontremos com pessoas cujas perspectivas divergem das nossas. Liste cinco situações em que você se deparou com opiniões contrárias às suas. Reflita sobre como seria se você detivesse essas perspectivas opostas. Pense nas emoções que você poderia experimentar mantendo uma opinião divergente e, inversamente, compartilhando a mesma visão que os outros.

6.2 - Entre em contato com cinco pessoas do seu círculo, sejam colegas de trabalho, amigos íntimos ou familiares, e solicite feedbacks honestos sobre si mesmo. Você pode fazer isso pessoalmente, por telefone ou até mesmo por mensagens de texto. Após receber os feedbacks, reflita sobre os sentimentos que essas avaliações despertaram em você. Lembre-se de que o feedback é uma ferramenta inestimável para ganhar perspectivas externas e identificar oportunidades para o crescimento pessoal e profissional.

6.3 - Identifique cinco situações em que, na sua visão, alguém demonstrou ter o ego inflado, levando a comportamentos inadequados ou nocivos em relação a você ou a terceiros. Como você teria gerido a situação se estivesse no lugar dessa pessoa?

6.4 - Finalmente, pensando nos seus objetivos pessoais e na sua jornada da superação, avalie de 0 a 10 o nível de influência que você acredita que seu ego exerce na realização do seu estado desejado. Explique o raciocínio por trás dessa avaliação.

SEÇÃO 03

ATITU

DES

Transformando dor em amor

A distração de Gabriel na escola estava tão evidente quanto sua gradual dificuldade de enxergar. O resultado dos exames inaugurou uma longa batalha pela vida do meu filho, de apenas seis anos. Uma enfermidade rara foi diagnosticada: adrenoleucodistrofia, ou, de modo resumido, "ALD". Na internet, havia escassa informação sobre essa doença, exceto por um inspirador filme de determinação e superação chamado "O Óleo de Lorenzo".

Em Curitiba, aconselhada pela médica que confirmou o diagnóstico, criei um blog sobre a evolução da doença do Gabriel, incluindo detalhes sobre a gravidade deste raro distúrbio. Após alguns meses, descobri que o conteúdo que eu havia compartilhado se tornou uma fonte de informação para uma mãe no Rio de Janeiro que estava lidando com desafios semelhantes.

Notei que essa situação difícil não era algo que eu enfrentava sozinha. Aos poucos, comecei a me tornar uma ponte para outras famílias que passavam pela mesma jornada, desde a divulgação dos resultados dos exames até as etapas seguintes. Isso envolvia tanto a disseminação de informações na internet quanto a orientação para profissionais especializados.

Outras pessoas se uniram a essa corrente do bem. Assumi o papel de fundadora de um grupo de apoio que reúne famílias dispostas a contribuir com seu tempo, recursos e materiais para ajudar no enfrentamento da

ALD e de outras doenças. Minha percepção acerca da magnitude dos desafios enfrentados por outras pessoas foi ampliada. Afinal, existem 8 mil doenças raras documentadas e, somente no Brasil, cerca de 13 milhões de pessoas vivenciam a difícil jornada do diagnóstico de uma delas.

Decidi me especializar na gestão de organizações sem fins lucrativos, com ênfase em serviços que ajudam outras pessoas. O meu primeiro dia de aula foi o último dia da vida do Gabriel. Meu filho partiu aos quatorze anos, mas sua causa se mantém viva por meio de mim e de tantos outros que lutam pelo diagnóstico precoce e auxílio a parentes de pacientes com doenças raras. O Instituto Berbigier de Doenças Raras é um grande suporte no apoio psicológico, jurídico e exames genéticos em favor de famílias carentes. Em um futuro próximo, tenho planos de formalizar o Instituto Gabriel Franco Machado, a fim de contribuir com essa nobre causa em colaboração com outras organizações comprometidas.

Não me vejo fazendo outra coisa. Essa jornada foi o ponto de virada e, desde então, minhas ações têm sido guiadas pela realização da missão de vida em prol do próximo.

Linda Franco
Mobilizadora social e ativista da ALD no Brasil

Capítulo 07

O jogo se ganha com atitude consciente

"Sua atitude deve ser reflexo da sua própria identidade, assegurando que a pessoa mais relevante, ou seja, você, não tenha qualquer dúvida em relação aos seus comportamentos."

(Carlos Coelho)

O "mercado de desenvolvimento pessoal" nunca esteve tão em alta. Livros, mentorias, terapias, cursos e promessas de transformação cada vez mais ousadas. Somente no nicho de coaching, 2,3 bilhões de dólares são movimentados anualmente nos Estados Unidos, onde surgiu essa atividade[6]. É notório, pelas ofertas, que o imediatismo está implicitamente presente nos produtos de autodesenvolvimento mais populares.

Considerando esse aspecto, desenvolvi a metodologia S24H. Comprometo-me a fornecer não apenas o que o consumidor deseja, mas também o que é essencial para a superação, seja por meio das informações presentes na capa ou ao longo de todo o conteúdo. O leitor está ciente de que irá criar seu próprio plano de ação. Este livro atua como um guia para uma jornada de transformação que se desencadeia em 24 horas, conduzindo-o a superar desafios por meio da consistência em suas ações.

A arte da superação em 24 horas revela os desafios de quem caminha com foco e constância em direção a um objetivo específico. Na minha abordagem metodológica, o destino está intrinsecamente ligado à essência particular de cada indivíduo que aplica a S24H.

---

[6] Dado do International Coach Federation (ICF), publicado pela Agência Senado: https://www12.senado.leg.br/noticias/materias/2019/05/23/criminalizacao-ou-regulamentacao-do-coaching-esta-em-discussao-no-senado (acesso em 25 de julho de 2023, às 16h34)

Em direção contrária, noto que muitos especialistas oferecem soluções práticas que não levam em consideração o contexto de vida de seus clientes. Essas abordagens encontram acolhimento naqueles que anseiam por uma solução rápida para aliviar uma dor latente (como uma das discutidas no capítulo cinco).

Compreendo que toda tentativa de crescimento pessoal tem seu valor. Cada uma delas contribuirá para enriquecer nosso acervo de vivências, que, somadas, criarão os degraus em direção a uma solução significativa para aqueles que a estão procurando.

O ponto preocupante reside na visão distorcida da real necessidade de mudança. Determinar a razão pela qual buscamos um determinado resultado está intrinsecamente ligado à nossa essência e é mais significativo do que o próprio resultado. Em termos quantitativos, o impacto de cada pilar encontra-se na última coluna da tabela a seguir:

SIGLA	SGNIFICADO	CONCEITO	IMPACTO
S	SENTIDO	Efeito desse resultado na sua vida	55%
P	PERCEPÇÕES	O que você acredita	25%
A	ATITUDES	Focando em ações direcionadas	15%
R	RESULTADOS	Resultado desejado	5%

Neste ponto do livro, você já deve ter percebido que o esforço focado em encontrar um propósito representa "meio caminho andado". A partir desse momento, é natural que suas percepções estejam alinhadas com suas crenças fundamentais. Como resultado, suas ações serão consistentes, e os resultados, mais satisfatórios.

É por isso que, quando nos concentramos inteiramente em alcançar resultados imediatos, frequentemente acabamos nos frustrando em pouco tempo. Essa é a razão pela qual pessoas abastadas nem sempre são as mais felizes.

O modo como você pensa, fala e age precisa estar conectado com sua identidade. Seu círculo de amizades, o conteúdo que consome online e até suas escolhas de entretenimento devem estar em harmonia com quem você realmente é. Embora não seja uma tarefa simples, se sua verdadeira busca é a superação, essa é a estratégia para vencer: atitudes conscientes.

Liberte-se da busca pelo controle

Existe uma janela entre os dias 25 e 31 de dezembro que eu costumo chamar de "o período mundial de formação de promessas". Concordamos que a virada do ano está repleta de intenções para melhorar diversos aspectos da vida. As pessoas se comprometem a "comer de forma mais saudável", "almejar o sucesso em suas carreiras" ou "equilibrar seus relacionamentos". Alguns até escolhem suas roupas conforme o momento, usando branco para simbolizar paz, vermelho para o amor e dourado para a prosperidade. Todos estão buscando, por meio dessas várias ações, traçar um caminho em direção às metas desejadas. Mas a questão é: essas promessas são realmente eficazes?

A verdade é que a maioria das pessoas experimenta frustração ao comparar suas expectativas com a realidade de suas vidas. Elas sentem insatisfação em relação aos seus relacionamentos, hábitos alimentares e carreiras. Sedentarismo e procrastinação são traços comuns entre aqueles que se sentem insatisfeitos consigo mesmos.

E essa máxima se repete logo após o período natalino. Novas resoluções de fim de ano e o sentimento de "agora vai". Você já se encontrou preso nesse ciclo vicioso?

O segredo para se ver satisfeito ao longo do ano em relação ao cumprimento das promessas de Réveillon é bem simples. A chave não reside na quantidade de mudanças enumeradas, mas sim na qualidade consciente do que realmente necessitamos modificar. Muitos dos nossos comportamentos estão enraizados em nós há dias, meses, anos ou até mesmo décadas. Para transcender o estágio abstrato das promessas e percorrer o terreno concreto da realização, é fundamental estar ciente de nossos padrões comportamentais.

Realizar ações de maneira isolada não produzirá resultados significativos. Considere alguém que normalmente acorda às 8h todas as manhãs, faz um desjejum rápido e parte para o trabalho. Talvez você conheça alguém com esse perfil. Agora, imagine essa pessoa de repente mudando sua rotina, acordando às 5h da manhã, indo à academia, meditando sobre seus objetivos e lendo um capítulo de um livro técnico antes de tomar o café da manhã que ele mesmo preparou. Embora a ideia de aumentar a produtividade seja tentadora, a "tonelada" de esforço necessária para realizar essas atividades torna desafiador manter essa consistência ao longo do tempo.

Assim como é imprudente participar de uma maratona sem estudar o percurso antecipadamente e sem estar fisicamente preparado, da mesma forma, buscar o desconforto extremo sem considerar as possíveis consequências e resultados é uma empreitada fadada ao fracasso.

Examinar cuidadosamente o percurso e se preparar para a jornada são etapas cruciais para avançar. No entanto, mesmo após cumprir essas obrigações, não há uma bola de cristal que revele precisamente as consequências de cada passo subsequente. Liberte-se da busca por fórmulas mágicas. O controle absoluto não existe. O que permanecerá sempre presente são as oportunidades para refletir se, em sua caminhada, você está alinhado com suas crenças fundamentais e com o que faz realmente sentido para você.

Estágios da consciência

A premissa para a mudança de comportamento reside na consciência de suas atuais atitudes, bem como nas ações que você deseja incorporar. No entanto, frequentemente experimentamos níveis de consciência sem estarmos plenamente cientes disso.

Os estágios de compreensão incluem:

1. Conscientização distorcida (incompetência inconsciente).
2. Conscientização.
3. Determinação focal (competência consciente).
4. Comportamento controlado.
5. Sustentação consciente.
6. Distração temporária.

Esses seis níveis de consciência são comuns entre os seres humanos. A seguir, apresentarei uma situação para demonstrar as características de cada estágio de consciência. É fundamental estar aberto a esse conhecimento e relacioná-lo com suas próprias experiências.

No seu décimo aniversário, Valter, filho de dona Valdelice e seu Rabelo, recebeu um presente especial de seus pais: um PlayStation 5. Sua irmã mais velha, Rebeca (apelidada de Beka), contribuiu para a compra deste valioso brinquedo. Foi a primeira vez que Valter teve a oportunidade de experimentar um videogame. Seus pais e irmã não conseguiram conter o riso quando o viram pegar o controle, embora ele o segurasse de cabeça para baixo.

Após ligar o videogame, Valter tentou começar a jogar, mas estava incerto sobre as funções exatas dos botões do controle. Sob os elogios generosos de sua mãe, ele estava confiante de que estava se saindo bem. Isso representa a fase da "incompetência inconsciente", afinal, Valter não tinha consciência de que não sabia.

Não demorou muito para que o filho de Valdelice percebesse que estava com dificuldades no jogo. Beka reforçou essa percepção ao dizer a ele: "Você precisa melhorar muito para ficar bom, hein." Valter forçou um sorriso e se sentiu frustrado. Nesse momento, ele tinha se tornado "consciente" de sua incompetência. Ao mesmo tempo, a conscientização é o primeiro passo para o aprimoramento das habilidades. Agora, o jovem sabia que precisava aprender e se aperfeiçoar.

Todos os dias, Valter "batia o ponto" no sofá da sala onde estava instalado o videogame. Seus pais determinaram que ele só poderia se divertir depois de cumprir suas obrigações domésticas e acadêmicas. O quarto organizado e a tarefa da escola feita pelo Valter e conferida por Beka eram a chave de acesso para o PlayStation 5. Valter encontrou uma determinação focal dentro de si. Aos poucos, ele foi ficando cada vez mais hábil. Ele ainda tinha que pensar nos comandos antes de executá-los, tal qual um recém-habilitado em relação ao movimento das marchas de um carro. Mas ele sentia que estava melhorando. Este é o estágio da "competência consciente".

Três meses se passaram, e nesse estágio, Valter já tinha dominado os botões do controle. Sua energia estava direcionada para aprimorar ainda mais seu desempenho. O jovem estava focado e empenhado em controlar suas ações e reações. Afinal, o comportamento controlado era fundamental para alcançar seus objetivos no jogo.

Após sete anos, o jovem Valter conquistou a oportunidade de representar sua escola em um torneio regional de jogos virtuais. O evento estava agendado para o próximo semestre, e Valter aumentou sua dedicação nos treinos. Esse estágio é conhecido como "sustentação consciente", semelhante a um músico praticando uma escala de notas: requer muitas repetições até que se torne uma ação automática.

No mesmo torneio regional, competindo pelo time feminino, Andressa representava a escola de Valter. Eles começaram a se aproximar mais quando decidiram treinar juntos. Ocasionalmente, enfrentaram distrações temporárias durante esse período. Essa fase é marcada por uma desaceleração no progresso, funcionando como uma pausa necessária para descanso e realinhamento do foco. Da mesma forma, nenhum músico está tocando o tempo todo, e nenhum motorista passa todos os dias de sua vida no carro. Considero essas pausas tão cruciais quanto a compreensão de todos os estágios mencionados acima, a fim de explicar de maneira didática.

É fundamental ter uma compreensão sólida desses níveis de consciência, pois é por meio deles que podemos desenvolver uma estratégia eficaz para a mudança de atitude. Esse ajuste comportamental deve estar alinhado com os objetivos que você definiu.

É imperativo destacar que, na intrincada tapeçaria da psique humana, os estágios da compreensão e mudança são vastos e multifacetados, estendendo-se bem além dos contornos que esbocei através da jornada de Valter. Optei por simplificar esses conceitos, criando uma analogia acessível para iluminar o caminho muitas vezes turvo da autocompreensão e do crescimento pessoal. Entretanto, cada indivíduo trilha uma jornada única, repleta de nuances, recomeços e complexidades que desafiam qualquer categorização linear. Assim, enquanto você, caro leitor, navega pela sua própria jornada de autoaperfeiçoamento, convido-o a considerar esta narrativa não como um mapa definitivo, mas como uma bússola orientativa, destinada a oferecer direção em meio às variadas paisagens da autodescoberta e mudança. A verdadeira profundidade do autoconhecimento reside na capacidade de reconhecer e honrar a própria individualidade, mesmo ao absorver insights de trajetórias simplificadas como a de Valter.

O poder está entre suas orelhas

Ingrid é uma adolescente que descobriu recentemente uma traição em seu relacionamento, o primeiro dela. Como uma página em branco, seu coração era um livro aberto, repleto de expectativas e sonhos. A vida de Ingrid já possuía uma marca de desapontamento, devido à decisão de seu pai de abandonar sua mãe para buscar aventuras fora do casamento. Contudo, ela nunca havia experimentado a sensação de ser traída até que isso aconteceu em seu primeiro namoro, deixando-a profundamente triste. O choque da infidelidade não foi apenas um evento isolado para Ingrid; foi um terremoto emocional que reforçou suas perspectivas negativas sobre o amor e a confiança.

Dentro do nosso labirinto mental, cada experiência e choque emocional abre um novo corredor. As memórias formadas a partir desses momentos se tornam blocos na construção das paredes desse labirinto. Tais paredes, por sua vez, moldam nossas visões, os sonhos que ousamos acalentar e as expectativas que criamos para o futuro. Assim, é evidente que nossas imaginações são formadas pelas sombras dos impactos emocionais que carregamos do passado.

No entanto, nem tudo está perdido. A verdadeira beleza da imaginação reside em sua flexibilidade. Embora nossas experiências passadas possam influenciar nossa capacidade de sonhar, não estamos confinados a um destino preestabelecido. No caso da adolescente que descobriu a infidelidade de seu parceiro, seria fácil para ela imaginar que todos os relacionamentos futuros seguiriam o mesmo caminho trágico. Contudo, ela também tem a opção de visualizar um caminho diferente, concebendo um futuro onde ela encontre amor e confiança novamente.

Uma experiência pessoal destaca claramente o impacto da imaginação. Quando atuava como gerente de expansão em uma rede de franquias de ensino de idiomas, meu rendimento estava diretamente ligado ao meu desempenho - o número de franquias que conseguia vender determinava meus ganhos. Naquela época, morava em um modesto apartamento alugado, escolhido não por status, mas pela localização estratégica em São Paulo, que me permitia chegar ao trabalho em apenas 15 a 20 minutos de metrô.

Foi então que decidi transformar minha vida. Escolhi deixar para trás o conforto do meu apartamento e mudar-me para uma área mais desafiadora no centro de São Paulo, conhecida por seus problemas sociais e dificuldades urbanas, próximo à Cracolândia. Essa decisão surpreendeu muitos, mas eu a considerava uma "escolha necessária".

A razão dessa escolha? Após assinar o contrato de compra do meu primeiro apartamento na planta, uma enxurrada de emoções me invadiu. Sentimentos de medo, alegria, orgulho e até raiva se misturaram em um turbilhão. O peso da responsabilidade financeira, simbolizado por aquele compromisso significativo, pesava sobre mim, enquanto a incerteza de como administraria as parcelas e os custos da reforma e mobília do novo apartamento me assombrava.

No entanto, um pensamento permanecia firme em minha mente: eu viveria naquele apartamento que havia escolhido. Trabalhei incansavelmente, elaborando projetos e estratégias para tornar aquele sonho realidade.

Aceitei a mudança temporária para um apartamento menos "cômodo", ciente de que estava economizando para o meu futuro. Minha atenção estava focada não no local que ocupava temporariamente, mas na construção do meu futuro lar.

Aprendi que, quando concebemos algo em nossa mente e elaboramos uma visão futura repleta de detalhes dos nossos sonhos, as chances de sucesso são significativas. No entanto, apenas imaginar não é suficiente. É vital cultivarmos atitudes que estejam alinhadas com nossas aspirações. Ter a confiança e a consciência de que podemos alcançar nossos objetivos é um guia, mas a verdadeira estratégia reside no processo que empreendemos em direção à concretização.

Para atingir a superação em qualquer aspecto da vida, é crucial estabelecer essa harmonia: aliar nossa imaginação aos nossos objetivos. Não basta apenas desejar o sucesso; devemos criar uma visão clara do caminho que nos levará até ele. É necessário visualizar meticulosamente cada passo, enfrentar cada obstáculo e celebrar cada vitória ao longo do trajeto. A imagem mental que você construiu no início deste livro não é apenas uma peça isolada de um quebra-cabeça; é o mapa que o guiará através do labirinto formado por suas experiências passadas.

Superar não se trata apenas de força de vontade, mas também do poder da imaginação. É a capacidade de olhar além das sombras do passado e enxergar um futuro repleto de possibilidades infinitas.

É a habilidade de vislumbrar, além do labirinto de nossos pensamentos, um caminho que leva à realização dos objetivos que definimos.

Em resumo, o poder está ao alcance de todos. Não é um privilégio reservado somente aos mais fortes ou ricos, mas uma oportunidade disponível a todos que estão dispostos a sonhar, acreditar e agir em busca de seus objetivos. Assim como a adolescente que supera a traição e redescobre o amor, podemos vencer os desafios do nosso passado e construir um futuro repleto de sucesso e realizações. Tudo começa com a nossa capacidade de imaginar. Como afirmou Donald Curtis, somos o que somos e estamos onde estamos porque primeiro imaginamos isso.

Coloque-se contra a parede

Em todas as esferas de nossas vidas, é inerente ao ser humano o anseio de se aprimorar e superar desafios. Mesmo aqueles que não percebem plenamente o poder transformador da superação, em algum momento, já experimentaram seus efeitos. Nossas ações são frequentemente moldadas pelas crenças acumuladas ao longo de nossa jornada, que, por sua vez, exercem uma influência direta sobre nossas atitudes e comportamentos.

Como o psicólogo Albert Bandura salientou em seu conceito de autoeficácia, nossas crenças sobre nossa capacidade de ter sucesso em situações específicas podem moldar nossas percepções, metas e motivações. Isso demonstra que nossas crenças podem atuar como um poderoso motor para o crescimento pessoal ou, inversamente, como uma barreira aparentemente intransponível (Bandura, 1977).

Portanto, é vital reconhecer que podemos, inadvertidamente, sabotar-nos devido a concepções distorcidas em nossa mente. Isso ocorre frequentemente mais por falta de entendimento sobre o que a situação verdadeiramente exige do que pela realidade em si. As representações mentais que formamos são grandemente moldadas por nossas experiências passadas e podem, com o tempo, começar a ofuscar os fatos reais, permitindo que prevaleçam apenas as emoções e sentimentos a elas associados.

Praticar a autoanálise regular é um método eficaz para reconhecer e corrigir tais distorções cognitivas. Na psicologia cognitiva, a terapia cognitivo-comportamental tem se mostrado eficaz no tratamento de transtornos mentais, auxiliando as pessoas a identificar e reformular pensamentos e comportamentos disfuncionais, facilitando assim a superação de desafios e a realização de objetivos (Beck, 1967)[7].

Desconfie de si mesmo. Confronte-se. Reflita sobre o ambiente ao seu redor neste exato momento e observe como suas representações mentais influenciam até os aspectos mais sutis de sua vida, desde sua postura ao relaxar até a forma como gerencia o estresse.

---

[7] Beck, A. T. (1967). Depression: Clinical, experimental, and theoretical aspects. New York: Hoeber Medical Division, Harper & Row.

A maneira como percebemos e interpretamos os eventos está profundamente interligada com o contexto que criamos para nós mesmos.

Considere minha jornada pessoal para adquirir meu primeiro apartamento, durante a qual tive que enfrentar medos e incertezas para realizar um sonho. Essa conquista foi possível graças à minha capacidade de visualizar o sucesso, mesmo quando enfrentava obstáculos e desafios. Isso não significa que não tenho vulnerabilidades; pelo contrário, ciente das minhas limitações, continuo a praticar a visualização regularmente.

É vital reconhecer que imagens e representações negativas em nossas mentes podem nos prender em ciclos de autossabotagem. É crucial lembrar que, mesmo diante dos desafios, temos a capacidade de redefinir como interpretamos e respondemos a essas circunstâncias.

O poder de agir reside em cada um de nós. Se você ainda não conseguiu desencadear esse processo, pode ser porque ainda não identificou o verdadeiro propósito ou a força motriz por trás de seu desejo de superação.

As histórias que contamos a nós mesmos têm um poder formidável na moldagem de nossas vidas, para o bem ou para o mal. Chegou a hora de reconhecer e reavaliar como nos vemos e interpretamos o mundo ao nosso redor. É hora de fazer uma escolha consciente de criar uma imagem que reforce nossos objetivos e aspirações, ao invés de miná-los.

Portanto, encorajo você a mergulhar em uma autoanálise. Avalie suas representações mentais e assegure-se de que não está se sabotando com imagens negativas e crenças limitadoras. Lembre-se de que você tem o poder de reformular essas representações, abrindo um caminho mais claro em direção à superação e ao sucesso.

O impacto positivo da superação não termina em você

Ao buscarmos superar nossos próprios limites, muitas vezes subestimamos o impacto que nossos objetivos podem ter em nosso ambiente. Sempre compreendi que, mesmo os meus objetivos mais simples de superação, de alguma forma, afetam o princípio da pluralidade. Ao refletirmos e adquirirmos uma compreensão mais ampla de nossos objetivos de vida, percebemos que eles não repercutem apenas em nós, mas também nas pessoas ao nosso redor. Essa interconexão de efeitos, quando bem compreendida, pode fortalecer nossa determinação para alcançar esses objetivos, especialmente quando eles têm impactos positivos em nossa comunidade. Como Isaac Newton disse: "Se eu vi mais longe, foi por estar de pé sobre os ombros de gigantes", destacando que nossas realizações não ocorrem em um vácuo, mas influenciam e são influenciadas por outros.

Vou ilustrar isso com alguns exemplos. Imagine alguém que sonha em abrir uma franquia de fast food. Ao realizar esse sonho, essa pessoa não apenas concretiza seu objetivo de negócio, mas também cria novas oportunidades de emprego, proporcionando a muitos a chance de conseguirem seu primeiro emprego. A inauguração da franquia oferece maior conveniência às pessoas que buscam refeições naquela região, o que, por sua vez, melhora a qualidade de vida, reduzindo a necessidade de deslocamentos. Em alguns casos, isso pode até estimular a produção local e fortalecer a economia regional. Além disso, o apoio dos pais na educação de seus filhos contribui para a formação de profissionais qualificados para o mercado de trabalho, que, por sua vez, impulsionam o crescimento econômico do país. É realmente um ciclo de impacto positivo.

Enquanto escrevo este livro, estou ciente de que estou criando oportunidades de emprego, envolvendo diversas pessoas na realização deste meu propósito. De alguma forma, posso estar influenciando você ao ler este conteúdo. Você já considerou o impacto de sua própria superação? Não se restrinja apenas a pensar nas pessoas mais próximas a você, mas leve em conta também o seu bairro, a sua cidade e, por que não, o seu país. Nossos objetivos, independentemente do estágio de vida em que nos encontramos, são meros instrumentos para cumprir nossa missão. Eles constituem os degraus que nos conduzem em direção ao nosso propósito mais elevado. Portanto, devemos definir nossos objetivos com clareza, alcançá-los e, em seguida, superá-los.

Esses objetivos são as imagens dos quebra-cabeças de cada leitor. A aquisição das peças e sua subsequente montagem delineiam a jornada da superação. Nessa trajetória, você será influenciado e influenciará muitas outras pessoas! Durante muitos anos, dediquei tempo a planejar meus objetivos, desenvolver estratégias e considerar como poderiam ter um impacto, seja algo extraordinário ou simplesmente um gesto que pudesse afetar positivamente outras pessoas. Certamente, existem momentos em que "deixo a vida me levar", como expressou o cantor Zeca Pagodinho, e isso é válido, pois às vezes as responsabilidades cotidianas podem nos fazer adiar nossos objetivos planejados em prol do que surge de forma inesperada. No entanto, é essencial refletir se esses novos rumos realmente merecem prioridade ou se são desvios que nos ensinam valiosas lições.

Como mencionei anteriormente, tenho a alegria e a honra de dedicar anos de trabalho a um serviço cujo objetivo é transformar vidas. Trabalhar na área da educação, especialmente no Brasil, me proporcionou um profundo senso de contribuição. Estou comprometido em auxiliar outras pessoas em sua jornada de crescimento e, consequentemente, contribuir para o desenvolvimento do meu país. Embora eu possa não ser capaz de mudar todo o cenário nacional, tenho a firme convicção de que estou desempenhando minha parte nesse processo de progresso.

Com base na minha trajetória profissional, especialmente no ensino superior, reflito sobre o meu papel no campo da educação. Sinto uma alegria ainda mais profunda ao considerar como minha atuação na modalidade de ensino à distância (EAD) permite estender meu apoio a um número significativamente maior de pessoas. Esse formato de ensino torna o acesso à educação mais amplo, proporcionando uma transformação significativa na vida de indivíduos em diversas regiões do país que, devido à sua localização geográfica, enfrentariam dificuldades para estudar e se qualificar em diversas áreas. Ter a oportunidade de contribuir de maneira massiva é, sem dúvida, um dos maiores presentes que já recebi.

Ao longo desses anos de dedicação ao ensino superior à distância, tive o privilégio de testemunhar a expressão de orgulho e felicidade durante as cerimônias de formatura, tanto por parte dos alunos quanto de seus entes queridos. Uma cena que ficou profundamente gravada em minha memória foi uma homenagem a um aluno de 78 anos que estava se graduando pela primeira vez, rodeado por sua família e netos. O sentimento coletivo de orgulho e alegria que preenchia o local deixou claro que a busca pela superação não possui limites de idade. Esse momento reforçou minha convicção de que escolhi a profissão certa.

Atuar na área da educação em um país como o Brasil é muito mais do que um mero trabalho; é uma missão. Estamos aqui para promover a inclusão e desempenhar nosso papel na busca pelo bem comum.

Nessa perspectiva, constantemente me questiono: "Que tipo de pessoa estou me tornando, com o propósito de oferecer uma contribuição cada vez mais significativa a um número crescente de indivíduos ao meu redor?"

A superação é pessoal, única e intransferível

Em nossa jornada até aqui, exploramos como a superação pode gerar ondas de impacto que vão além de nós mesmos, afetando a vida de outras pessoas e até mesmo de comunidades inteiras. No entanto, é fundamental lembrar que, apesar dessa influência compartilhada, a jornada da superação é, em última instância, profundamente pessoal. Ela é um percurso repleto de experiências, esforços e conquistas que pertencem exclusivamente a nós.

Sua jornada da superação é uma aventura singular e inigualável. Os resultados que você alcança ao percorrê-la são produtos de sua dedicação, resiliência e determinação. Eles representam marcos em sua própria história, sem equivalência com a de qualquer outra pessoa. Como já discutido anteriormente, cada um de nós possui uma essência única e individual. Isso implica que, mesmo se Cláudia, Valdelice, Valter, Ingrid ou qualquer outra pessoa tentasse alcançar o mesmo objetivo que você, os resultados seriam inevitavelmente diferentes, pois cada um de nós carrega uma essência única e distinta.

Para exemplificar esse conceito, permita-me compartilhar outra história pessoal que explora a singularidade na superação. Esta história trata da nostalgia da infância e da essência única que cada indivíduo aporta ao processo de superação.

Minha mãe costumava preparar uma receita especial chamada "quibebe" quando eu era criança. Era um prato que consistia em um suave purê de abóbora com um sabor levemente adocicado. O aroma e o sabor desse prato sempre me transportam de volta para minha infância, para o interior de São Paulo, onde cresci.

Em um esforço de recriar essa experiência, fiz várias tentativas para preparar o "quibebe" por conta própria. Embora eu não fosse um cozinheiro habilidoso, decidi me desafiar e arriscar, usando meu limitado conhecimento culinário. No entanto, mesmo seguindo a receita meticulosamente, nunca consegui replicar o mesmo sabor e aroma do prato que minha mãe costumava fazer.

A tentativa de replicar o "quibebe" de minha mãe serve como uma metáfora para a jornada da superação. A receita simboliza a estratégia que definimos para alcançar um objetivo. Cada um de nós possui os recursos necessários para concretizar nossos objetivos, desde que tenhamos a coragem de tentar. Não posso garantir que você conseguirá replicar a receita perfeitamente na primeira tentativa, assim como eu não consegui recriar o "quibebe" de minha mãe. No entanto, como afirmou Albert Einstein: "A pessoa que nunca cometeu um erro nunca tentou nada novo." O risco de tentar é sempre de cinquenta por cento de sucesso e cinquenta por cento de fracasso. Mas se não tentarmos, então o risco de nada acontecer é de cem por cento.

Possivelmente, minha mãe precisou de várias tentativas até acertar a receita do "quibebe". Mesmo assim, tenho a certeza de que o resultado era diferente da versão original que ela aprendeu a fazer. E isso é o que torna a superação tão fascinante. Cada um de nós tem uma maneira única de enfrentar desafios, e essa singularidade é a essência de nossa identidade. Não importa o quão parecidos possamos ser com outras pessoas ou quão semelhantes sejam nossos objetivos; cada um de nós traz uma essência exclusiva. Essa essência se revela durante a leitura e nos resultados dos exercícios ao final de cada seção. Ao aplicar as atividades e elaborar sua estratégia de superação, você perceberá que ninguém no mundo poderia seguir o mesmo caminho que você. Portanto, enfatizo: sua jornada da superação é pessoal, única e intransferível.

Capítulo 08

A arte de viver em superAção

"Quando você consegue fazer sua essência brilhar, sua beleza consegue ser vista a quilômetros de distância!"

(Marianna Moreno)

O que é a arte de viver?

Em todas as épocas e culturas, a arte ocupa um lugar fundamental. Serve como veículo para expressarmos nossas vivências, sentimentos e perspectivas de vida. No entanto, vai além da mera representação do tangível; é um chamado para enxergar mais do que o habitual e sondar as maravilhas inerentes à nossa jornada. Analogamente, a vida, repleta de nuances, desafios e encantos, configura-se como uma arte em si. Mas o que seria, então, essa "arte de viver"?

Visualizemos por instantes que somos artistas plásticos. O dia que amanhece diante de nós representa nossa tela, desde o momento que despertamos. As decisões que tomamos figuram as tintas e nossas atitudes, o pincel. Todo amanhecer é um convite para esboçar um magistral quadro, mas também para retocar deslizes de criações passadas. Assim como qualquer artista, deparamo-nos com obstáculos, incertezas e adversidades. Entretanto, cada barreira superada é um degrau para aprimoramento, crescimento e resiliência. Encarar estes desafios com determinação é o que nos capacita a moldar algo tocante e relevante. Vale ressaltar que, por mais que uma pintura possa evocar sentimentos, cada criação é ímpar, assim como cada história retratada em tela.

Tomemos como exemplo o pintor Vincent Van Gogh. Suas mãos deram origem a algumas das mais renomadas e apreciadas obras artísticas. Contudo, sua trajetória foi marcada por adversidades e contratempos. Grande parte de sua existência transcorreu na penumbra do anonimato, tendo comercializado somente uma de suas obras em vida. Enfrentou enfermidades, escassez e rejeição. Mas, contra todas as probabilidades, ele persistiu em sua paixão. Mesmo em meio a desalentos, produziu arte que ressoa nos corações de incontáveis admiradores mundo afora.

Van Gogh entendeu que a arte de viver não é apenas sobre evitar dificuldades ou buscar o prazer a todo custo. Ao contrário, é sobre abraçar a totalidade da experiência humana - o bom e o ruim, o belo e o feio, o triunfo e a tragédia. É sobre encontrar significado e propósito mesmo em meio à dor e ao sofrimento.

A vida pode ser pesada e repleta de desafios. Frequentemente, parece que estamos em uma batalha constante para superar obstáculos — sejam eles traumas, perdas, desafios de saúde ou mudanças significativas. Nesses momentos, é comum nos sentirmos sobrecarregados, fatigados e até mesmo desesperançados.

No entanto, a "arte de viver" sugere que a superação não precisa ser uma luta constante. Pode ser um processo de crescimento, de aprendizado e de descoberta de si. Pode ser uma dança, uma música, uma pintura em movimento constante. A arte de viver é expressa no relato de Linda Franco, no início desta seção. Ela encontrou um "colorido" e significado em momentos difíceis e dolorosos, mesmo com inúmeras justificativas que ela poderia ter nos momentos desafiadores que ela viveu.

É claro que isso não significa que devemos ignorar nossos problemas ou fingir que tudo está bem quando não está. O que significa é que podemos decidir qual caminho seguir nos momentos que enfrentamos. Podemos escolher ver cada obstáculo como uma oportunidade para aprender e crescer. Podemos escolher ser gentis conosco quando erramos e celebramos nossas conquistas, por menores que sejam. A vida tem que ser leve. Não quero subestimar nossas dores, mas enaltecer o que merecemos viver. Potencializar nossas alegrias, sorrir mais do que ficar triste. Chorar inúmeras vezes de alegria e não de tristeza. Descobrir oportunidades. Movimentar rumo a nossa paz interior. Viver.

Em suma, a arte de viver em superação é viver de forma leve. É reconhecer que, embora a vida possa ser difícil, cada dia é uma oportunidade para criar algo belo e significativo. É sobre abraçar a jornada, com todas as suas reviravoltas, e encontrar propósito ao longo do caminho. É fazer a diferença por você e com você.

Como tirar o peso das costas

Há momentos em que vivemos em um tsunami de acontecimentos inesperados, e que nos levam a cenários desafiadores que parece que vamos explodir. A raiva vem, a angústia, a pressão, as preocupações. Parece que esses sentimentos marcam encontros e fazem a festa em nossa mente e em nossos corpos. Quem nunca sentiu um peso nas costas em momentos de grandes preocupações. Seja devido a expectativas próprias ou alheias, pressões financeiras, questões de saúde ou desafios de relacionamento, todos nós enfrentamos situações que podem parecer um fardo imenso sobre nossos ombros. Há um segredo para aliviar o peso. Esse mistério reside na compreensão do poder da contribuição em algo maior que nós mesmos.

Tomemos, por exemplo, a vida de Martin Luther King Jr. Enquanto defensor dos direitos civis, enfrentou desafios monumentais. Foi detido, caluniado e constantemente ameaçado. Mesmo assim, persistiu, motivado pela sua visão de um mundo mais justo e igualitário. A luta pela qual se dedicava não era fácil, mas encontrou alívio no peso da sua missão ao perceber que estava buscando uma mudança que transcendia a si mesmo.

Em um nível ainda mais profundo, Jesus Cristo, independentemente das crenças religiosas individuais, é um exemplo primoroso da força e leveza que surgem ao contribuir para o bem maior. Segundo os registros bíblicos, ele convidou: "Vinde a Mim, todos os que estão cansados e sobrecarregados, e eu vos aliviarei". Em outro trecho, é descrito que Cristo "esvaziou-se, assumindo a forma de servo (...)". Esse ato de se doar para servir é algo que só se manifesta naqueles dispostos a contribuir com os outros, tornando-se um refúgio de alívio e paz para aqueles ao seu redor.

Da mesma forma, os pais experimentam essa missão. Educar filhos é uma tarefa complexa e, muitas vezes, exaustiva. Há uma responsabilidade imensa em moldar um ser humano, atendendo às suas necessidades físicas, emocionais e intelectuais. A pressão é intensa, mas, quando os pais veem essa tarefa como uma forma de contribuição, um legado que deixam para o mundo, a perspectiva muda. A responsabilidade dá lugar a uma sensação de propósito mais leve e gratificante.

Empreendedores e líderes de equipe também enfrentam desafios semelhantes. Eles são responsáveis por administrar recursos, formar novos líderes, tomar decisões cruciais e orientar a direção de seus negócios. Quando focam apenas nas obrigações e nas pressões, a carga pode ser esmagadora. Mas ao entender que estão confiantes para o crescimento profissional e pessoal de suas equipes, que estão impactando vidas e construindo comunidades, a tarefa se torna mais leve.

Portanto, o segredo para aliviar o peso da vida está em mudar nossa perspectiva. Trata-se de trocar a noção de obrigação pela de contribuição. Reconhecer que nossos desafios e dificuldades não são meros obstáculos, mas oportunidades para gerar um impacto positivo nas pessoas e no mundo.

Às vezes não paramos para refletir sobre as contribuições que já fizemos na vida de outras pessoas, e tão pouco perceber as que recebemos. Esse é um grande ponto de partida para iniciarmos a reflexão. Temos que nos desviar das prisões que nos limitam na busca da nossa evolução.

À medida que avançamos nesta jornada, pode ser fácil nos desviarmos, concentrando-nos demais em nossos objetivos pessoais e perdendo a noção do mundo ao nosso redor. Nesses momentos, é benéfico dar um passo para trás e lembrar o porquê de nossas ações. Se permitirmos que nosso foco se volte para a pressão e o fardo, corremos o risco de nos tornarmos obsessivos, estressados e desconectados do que realmente importa.

Ao adotar uma mentalidade de contribuição, nossas ações e objetivos ganham novo significado. Nosso trabalho não é mais uma lista de tarefas a serem realizadas; transforma-se em uma oportunidade para fazer a diferença. O dia a dia deixa de ser um fardo e passa a ser um presente. Nossas metas não são mais fontes de pressão, mas expressões de nosso propósito e paixão.

É crucial lembrar que essa mudança de perspectiva não implica ignorar dificuldades ou negligenciar a realidade de nossas circunstâncias. Ao contrário, significa aceitar esses desafios e utilizá-los como ferramentas para a transformação. Cada obstáculo se torna uma chance de aprendizado e crescimento, cada fracasso, uma lição valiosa, e cada vitória, a confirmação de que estamos no caminho certo.

Quando nos dedicamos a contribuir e colaborar, descobrimos que a vida não precisa ser um peso insuportável. Ela se revela, em vez disso, como uma tapeçaria rica e vibrante de experiências, aprendizados e conexões. Contribuir, portanto, alivia o fardo. É assim que a arte de viver em superação se manifesta em toda a sua plenitude.

Então, ao enfrentar as pressões e desafios da vida, Lembre-se da importância da contribuição e da colaboração em sua vida como estratégias para o seu crescimento. Entenda cada movimento, cada pensamento e exercite cada um deles para trabalhar em prol a sua evolução. Veja os desafios não como pesos insuportáveis, mas como oportunidades para fazer a diferença. Fácil não é, mas pode ser simples. Isso vai depender de como você faz a leitura das estratégias, vai depender mais de você do que a própria situação vivida. Compartilhe suas lutas e vitórias com as pessoas e descubra a força e a alegria que vêm da comunidade. Precisamos espalhar mais vitórias, alegrias e superação. Temos que parar de compartilhar informações aleatórias, sem objetividade saudável. Monte a sua corrente de superação, e você vai perceber o quanto sua vida vai fluir de maneira extraordinária. Assim, você estará não apenas aliviando seu fardo, mas também confiante para um mundo melhor.

Não perca a hora

Em uma pequena cidade, havia um relojoeiro muito conhecido. Ele possuía dois relógios distintos: um sempre pontual e o outro adiantado por dez minutos. As pessoas frequentemente perguntavam por que um relojoeiro tão expressivo permitia que um dos relógios estivesse sempre adiantado. Ele sorria e explicava: "O relógio preciso representa a realidade, o tempo como ele é verdadeiramente. O outro, que se adianta em dez minutos, serve como um lembrete para não procrastinarmos, para agirmos antes que seja tarde demais. No entanto, também nos ensina a não ficarmos ansiosos, pois, afinal, temos dez minutos a mais do que pensávamos." Ele compreendeu o equilíbrio entre a ação e a aceitação do fluxo natural das coisas.

É comum nos perdermos no tumulto da vida moderna, onde tudo parece urgente e de pressões de todos os lados. Para muitos, o som constante do tique-taque do relógio é uma lembrança da pressão do tempo. Essa pressão pode criar dois efeitos colaterais notáveis: a ansiedade, que nos faz sentir como se estivéssemos constantemente atrasados, e[CAC1] a procrastinação, que nos impede de começar desviando assim nosso foco para ações nem sempre prioritárias.

A arte de viver em superAção nos convida a encontrar esse equilíbrio. Como o relojoeiro, é crucial encontrar nosso próprio equilíbrio dentro das nossas expectativas. Por isso é imprescindível entender o que você cria como expectativa em sua mente.

> *"Penso noventa e nove vezes e nada descubro; deixo de pensar, mergulho em profundo silêncio - e eis que a verdade se me revela." - Albert Einstein*

Esta citação de Albert Einstein é poderosa porque nos faz refletir para uma verdade fundamental: encontramos as respostas de nossos anseios justamente quando mergulhamos em nosso eixo. As buscas incessantes por respostas imediatas nos levam a criar episódios influenciados pela nossa ansiedade. Por outro lado, procrastinar, esperando pelo momento "certo", pode nos fazer perder oportunidades. A chave é agir com intenção e propósito, não em resposta ao medo ou à pressão.

Não é sobre correr contra o relógio, mas sim com ele. A arte de viver em superAção não é acelerar cegamente, mas seguir em um ritmo que ressoe com nossos recursos e objetivos. Cada passo, cada ação, deve ser dado com consciência e propósito.

Portanto, ao sentir o peso da ansiedade ou a paralisia da procrastinação, lembre-se da parábola do relojoeiro. Encare o tempo como um aliado, não como um inimigo. Aprenda a dançar com o tique-taque do relógio, e você descobrirá a beleza da vida em constante superAção.

Pequenas atitudes. Grandes resultados.

O que é mais fácil: ir à academia ou calçar tênis?

A pergunta pode parecer estranha à primeira vista, afinal ambas as ações estão interligadas. No entanto, para aqueles que já tentaram adotar uma rotina de exercícios, é evidente que a maior dificuldade não reside no levantamento de peso ou nos exercícios cardiovasculares, mas, na realidade, no ato inicial de começar.

Melissa era uma mulher incrivelmente ocupada, daquelas que trabalha, estuda, cuida dos filhos e da casa. Após passar por um período de luto por causa do seu último relacionamento, entrou em um ciclo de ruminação por causa do seu corpo. Apesar do seu desejo em buscar uma boa forma seu discurso sempre era que não tinha tempo para nada, pois sempre estava correndo de um lado para o outro. Ela costumava dizer: "Eu adoraria entrar em forma, mas simplesmente não tenho tempo para isso". Um dia, uma amiga cansada de ouvir sempre as mesmas desculpas para não começar os exercícios a sugeriu uma abordagem diferente. "E se", ela comentou, "ao invés de se comprometer com uma hora de exercícios, você apenas se comprometesse a calçar seus tênis todos os dias? Só isso. Nada mais". Melissa mesmo achando estranho a orientação ficou curiosa e confortável em tentar, e no dia seguinte, colocou seus tênis. Naquele primeiro dia, ela não foi à academia. No entanto, no dia seguinte, calçou os tênis novamente e pensou: "Bem, já que estou com os tênis, talvez eu deva dar uma pequena caminhada". E assim começou sua jornada. Calçar o tênis se tornou o primeiro passo de uma série de pequenas atitudes que, juntas, atingiram um grande resultado.

Às vezes, nos sentimos tão sobrecarregados pelo objetivo final que nos esquecemos de que toda jornada começa com um simples passo. E é esse passo que nos tira da zona de conforto. Se manter na zona de conforto é viver um estado prazeroso de harmonia fisiológica, física e psicológica entre o ser humano e o ambiente, mas não é normal. É a escolha mais fácil, porque nos poupa do esforço, do risco, do medo e da possibilidade de falhar.

Hudny, o autor da história inspiradora na seção 2, ressalta o tom deste tópico com uma frase simples: "Pensou, faz!" Certamente, recomendo que você reflita antes de agir, pois nem todas as ideias que passam pela nossa mente devem ser expressas ou realizadas de imediato. No entanto, sob a ótica positiva da máxima de Hudny, muitas vezes nos detemos em excesso na reflexão e agimos muito pouco. A ação que segue o pensamento deve estar alinhada com sua essência, seus objetivos e sua contribuição para os outros, sempre sem causar prejuízos a ninguém por meio de suas atitudes.

Não há necessidade de se apressar para realizar uma revolução. Às vezes, tudo começa com algo tão simples quanto calçar os tênis. No entanto, esse ato modesto pode ser o catalisador que acende o fogo da mudança em sua vida. Como Lao Tzu sabiamente disse: "A jornada de mil milhas começa com um único passo."

É fácil olhar para grandes feitos no mundo e pensar: "Eu nunca poderia fazer algo assim". Às vezes temos esse pensamento nosso próprio trabalho comparando resultados de colegas com o nosso. Se é o seu caso, lembre-se destas duas premissas:

1. A soma de muitas pequenas atitudes resulta em um grande resultado;

2. Se alguém conseguiu, você consegue também.

Portanto, a questão final é: qual a pequena atitude que você vai executar agora para alcançar grandes resultados? Reflita, mas não pense muito. Se precisar de um norte, confira se não deixou nenhuma peça de quebra-cabeça para trás, conferindo os exercícios ao final das seções anteriores. Em cada atividade há uma pequena ação que o direcionará para o seu grande resultado de superação.

12
10

Capítulo 09

O tempo passa. Tá esperando o quê?

"O importante não é onde você começa, mas sim as decisões que toma sobre o lugar a que está determinado a alcançar."

(Anthony Robbins)

Pare de mentir para si

Kayan, um homem em seus trinta anos, é repleto de sonhos e ambições. Quase todos os fins de semana, ele participa de palestras motivacionais, workshops de desenvolvimento pessoal e até retiros espirituais. Nessas ocasiões, Kayan se sente eufórico, inspirado e cheio de energia, pronto para enfrentar o mundo e realizar seus objetivos. No entanto, assim que a segunda-feira chega, as preocupações financeiras persistem, o estresse do trabalho prevalece, e os sonhos continuam distantes. Kayan mantém sua rotina de eventos, buscando constantemente uma renovação, mas a realidade de suas segundas-feiras permanece constante.

A situação de Kayan ilustra um desafio frequentemente enfrentado por muitas pessoas: o autoengano. Em outras palavras, estamos mentindo para nós mesmos. Como podemos reconhecer o autoengano? Através da prática da metacognição, que envolve refletir sobre nossos próprios pensamentos. Quando Kayan começa a questionar por que suas emoções positivas nos fins de semana não se traduzem em ações durante a semana, ele está iniciando o processo de metacognição.

Contudo, identificar o autoengano é apenas o primeiro passo. O segundo é aprender a superá-lo. É crucial entender que o autoengano muitas vezes se origina do medo e da insegurança. No caso de Kayan, ele pode temer o fracasso em alcançar seus objetivos e, por isso, evita encarar a realidade de que precisa fazer mudanças significativas. Porém, para superar esse medo, ele precisa aprender a ver oportunidades nas adversidades, em vez de evitar enfrentá-las.

Considere a situação das contas na mesa de Kayan. Para ele, essas faturas podem representar desafios intransponíveis. No entanto, ele poderia vê-las sob uma luz diferente. Cada fatura representa um serviço ou produto de que ele se beneficia em sua vida. Honrar essas faturas pode ser visto não como um fardo, mas como uma forma de expressar gratidão por esses serviços e produtos. Isso não significa ignorar dificuldades financeiras, mas sim enfrentar essas faturas com gratidão em vez de temor.

Essa é apenas uma das maneiras pelas quais Kayan pode começar a superar seu autoengano. O aspecto crucial aqui é que ele precisa desenvolver a capacidade de agir, mesmo diante do medo. Não é suficiente apenas sentir motivação ou inspiração; ele precisa canalizar essa energia em ações concretas que o aproximem de seus objetivos.

Portanto, se você, como Kayan, se encontra preso em um ciclo de autoenganos, encorajo-o a enfrentar seus medos e agir apesar deles. Comece a analisar seus próprios pensamentos e questionar se eles estão ajudando ou prejudicando seus esforços para atingir seus objetivos. E, ainda mais importante, lembre-se de que é através da ação que encontramos soluções para nossos dilemas e transformamos nossos sonhos em realidade. Deixe de lado o autoengano e comece a viver a realidade da sua própria superação.

** Uma proposta de atividade para decifrar as peças do quebra-cabeça: utilize questões "x9" que revelam possíveis autoenganos nas respostas. Alguns exemplos de perguntas incluem:*

1. *Estou adiando algo porque genuinamente não é o momento certo ou porque estou com medo?*

2. *Estou sabotando a mim mesmo de maneira automática?*

3. *Qual é a verdadeira razão por trás daquilo que estou tentando evitar?*

Fraqueza como despertador

Em determinados momentos de nossas trajetórias, todos nós enfrentamos situações difíceis e desafiadoras. Seja a perda do emprego, o falecimento de uma pessoa querida ou o diagnóstico de uma doença grave, essas circunstâncias têm o potencial de nos afetar profundamente. É precisamente durante esses períodos de vulnerabilidade e sensibilidade que o autoengano pode se infiltrar e distorcer nossa percepção da realidade.

E se propuséssemos que esses momentos de fragilidade possam ser vistos não como obstáculos, mas como despertadores? Não estou sugerindo que as angústias e dores da vida sejam minimizadas ou ignoradas. No entanto, em cada desafio, oculta-se uma oportunidade latente, um propósito. Esse propósito pode não ser imediatamente óbvio na maioria dos casos, mas ainda assim permanece lá, à espera de ser descoberto.

A ideia de que algo maior e mais significativo guia os acontecimentos em nossas vidas não é somente reconfortante, mas também é apoiada por diversas evidências que sugerem a existência de um plano ou propósito universal. Pesquisas no campo da física quântica têm continuamente explorado a ideia de que o universo não é simplesmente uma série de eventos aleatórios. Manifestações de ordem e sincronicidade desafiam as noções tradicionais de acaso. Além disso, tradições espirituais e filosóficas de todo o mundo têm discutido por milênios a interconexão de tudo e o papel da humanidade nesse mosaico cósmico.

Entretanto, por que o universo, ou essa força maior, permitiria que enfrentássemos esses períodos de fragilidade? A resposta pode estar no fato de que é através dessas adversidades que somos convocados a evoluir, amadurecer e, ultimamente, superar. Nossa vulnerabilidade, assim, transforma-se em um chamado à ação, um convite ao despertar da consciência.

Se você está passando por um momento de fragilidade, encorajo-o a refletir: "Que lições posso aprender com isso para alcançar a superação?" Essa reflexão tem o poder de alterar sua perspectiva, proporcionando a clareza necessária para ver além da dor imediata. Em vez de se tornar prisioneiro de suas circunstâncias, você se torna um aprendiz proativo, buscando entendimento e crescimento.

Essa mudança de perspectiva não só ajudará a superar os desafios presentes, mas também o preparará para enfrentar futuras adversidades com maior resiliência e sabedoria. A fragilidade, ao invés de ser percebida como uma inimiga, passa a ser uma bússola, orientando o caminho para uma vida de maior significado, propósito e, finalmente, superação.

Negociações perdidas

Tonny, um sonhador, esforça-se desesperadamente para negociar com o sol. Todos os dias, ele roga ao astro-rei que retarde seu ocaso, permitindo-lhe mais momentos sob a luz do dia e a beleza do céu azul. Apesar de suas súplicas fervorosas, negociações e empenho, o sol, como sempre, se põe, deixando Tonny submerso na escuridão. A lição é clara: existem forças na vida com as quais simplesmente não se pode negociar.

Essa mesma dinâmica se manifesta quando tentamos barganhar com a preguiça, um adversário enganoso e implacável. Nas palavras do meu amigo Alê Prates: "Não negocie com a preguiça. Ela sempre ganha". Se nos permitirmos entrar nessa negociação, é quase certo que acabaremos por ceder a ela, deixando nossos objetivos e sonhos desvanecerem-se na penumbra.

Outro exemplo poderoso vem de um vídeo que encontrei nas redes sociais, cuja autora não me recordo agora. A criadora do conteúdo usou uma fita métrica, marcando 80 cm - a média de vida de um brasileiro, cerca de 80 anos. Ela começou a fazer perguntas como: "Quanto tempo gasto trabalhando? Quarenta anos?". E com isso, ela cortou a fita pela metade. Continuou com mais perguntas: "Quanto tempo gasto dormindo? E com outras atividades?".

Continuou a baixar mais porções da fita. Finalmente, com o que sobrou, ela declarou e fez uma provocação: "Então é isso que nós temos para viver. E o que estamos fazendo para aproveitar mais a nossa vida?"

Este ato simbólico mostra como muitos de nós preenchemos nosso precioso tempo com atividades que nos desviam de nosso verdadeiro propósito. Precisamos reconhecer que o tempo é um recurso inestimável! E com essa compreensão, devemos nos perguntar se estamos contentes com uma existência reduzida a trabalhar, descansar e retornar ao trabalho. Não seria mais prudente buscar um equilíbrio que nos permita cumprir nosso propósito de vida?

Essa reflexão pode levar a considerações importantes sobre a transição de carreira ou a construção sustentável sobre ela. Até que ponto vale a pena se manter em uma atividade na qual você ganha dez vezes mais, mas precisa trabalhar incessantemente e mal tem tempo para desfrutar a vida? Sei que precisamos ganhar dinheiro, ter grandes conquistas e nos resguardar financeiramente para os imprevistos. Pode até não ser uma tarefa fácil, mas até que ponto o ganhar muito dinheiro, trabalhar de forma exaustiva e se afastar dos prazeres da vida é algo necessário e benéfico? Será que o preço que se deve pagar por uma vida mais equilibrada é tão cara assim, a ponto de nos declinarmos de momentos únicos as pessoas que amamos?

Aqui está o ponto-chave: é essencial que não entremos em ocorridos com nossas crenças limitantes. Como, "preciso ganhar muito dinheiro para ser feliz", "Não tenho tempo para viajar, isso é para ricos desocupados", essas crenças são adversárias poderosas e, se permitirmos, podemos nos paralisar e nos impedir de buscar uma vida de propósito e significado. Se você está se engajando em negociações perdidas, já passou da hora em que você deve interrompê-las e adotar atitudes de superação agora.

Peças essenciais do seu quebra-cabeça

Você está de parabéns pelo seu empenho na busca da sua superação. Estamos próximo do término da leitura e prática desta obra, e o seu engajamento com o seu objetivo é parte fundamental para que você tenha em suas mãos o controle de suas estratégias. Isso é um fator importante quando falamos em ATITUDE. Nada adiantará se você apenas ler os conteúdos e procrastinar os desdobramentos para as práticas. Mas lembre-se que suas atitudes devem ser congruentes com suas crenças. Se você acreditar que seu objetivo será concluído com superação, ótimo. Se ainda tiver dúvidas sobre o tema sugiro voltar a leitura e práticas na seção 1.

Nestes exercícios iremos reforçar pontos para a sua reflexão de como você reage quando o assunto é atitude. Não considere atitude um ato de apenas agir, mas sim uma maneira de fazer de forma consciente e estratégica.

Neste momento, busque responder de forma consciente e racional. Aqui a ideia é você pensar em como você está agindo. Quais as motivações, incentivos e iniciativas você está absorvendo quando se trata de um movimento assertivo para a sua conquista. Não se iluda. O momento aqui é para aprender. Não se preocupe com as formas de suas ações, mas sim com aquelas que de alguma forma te limitam a realizar suas ações de forma mais conectada com sua essência. Lembre-se que as atitudes de colocar o quebra cabeça da maneira certa é de sua responsabilidade. Faz sentido? Vamos lá:

AS 06 PEÇAS DA SEÇÃO 3 - ATITUDE

Utilize um diário ou caderno físico ou digital dedicado para as respostas das reflexões a seguir.

Peça 1: O jogo se ganha com atitude consciente

1 - Saber agir é mais do que uma estrutura de fazer. Ter uma atitude congruente com o que acredita é a maneira mais inteligente de fazer a ação de forma sustentável durante a sua jornada. Busque em sua memória quais as últimas 2 atitudes que você tomou de forma consciente no último mês, e escreva os principais aprendizados que você teve com elas.

1.2 - Considerando que o pilar SENTIDO tem uma representatividade expressiva no método S.P.A.R, analisando as suas duas atitudes que você escreveu acima qual o sentido de cada atitude na busca do seu resultado?

1.3 - Com base nas suas duas atitudes relembradas por você, qual foi a percepção limitante (crenças limitantes) que estavam impedindo de você em realizar a ação? E o que te fez ressignificar?

Peça 2: Liberte-se da busca pelo controle

2 - Aprendemos que atitude por atitude é um resultado nulo dentro de um contexto de superação. O trajeto é sempre um mar de oportunidades para nos preparar para um caminho de evolução. De 0 a 10 qual a nota que você daria para as suas atitudes em busca da sua superação?

2.1 – Se você tivesse a oportunidade de arriscar para obter melhores resultados através da sua atitude, qual seria esse movimento?

2.2 - Se você precisasse escolher uma única atitude para atingir a sua superação qual seria esta atitude?

Peça 3: O poder está entre suas orelhas

3 - Sonhar, imaginar, criar e viver. São palavras que nos motivam a prosseguir com nosso propósito. Gostaria que você imaginasse a cena de sua superação e através desta imagem criada responda às seguintes perguntas da forma mais verdadeira e genuína.

3.1 - Escreva a cena com o máximo de detalhes possível. Qual é o ambiente, temperatura, cores e formatos?

3.2 - Quais as pessoas que estão junto com você? Quais movimentos corporais estas pessoas estão fazendo?

3.3 - Qual o som que se instala nesta cena? Há algum cheiro específico?

3.4 - Como você está nesta cena? Qual roupa? Como está seu semblante?

3.5 - Quais emoções tomam conta de você neste momento?

Peça 4: Coloque-se contra a parede

4 - Quando sabemos o que realmente buscamos, simplesmente fazemos sem questionar. Atitudes congruentes levam a resultados extraordinários. Ter a consciência de forma aplicada nas suas atitudes te dará um sentimento de leveza e orgulho. Responda se for capaz: a busca pelo seu resultado é algo que te leva a acreditar em seus sonhos ou apenas um recurso que fortalece seu ego?

4.1 – Qual a situação hoje que te impede de buscar a sua superação da forma que você gostaria?

4.2 - O que você não tem hoje e terá de desenvolver para superar seus objetivos?

4.3 – O que eu já realizei no passado que hoje pode me ajudar a atingir minha superação?

4.4 - O que em meu ambiente pode contribuir para alavancar meus resultados e chegar na superação?

4.5 - O que em meu comportamento pode ser alterado que irá contribuir para a minha superação?

4.6 - De quais aspectos abrirei mão para chegar no meu objetivo? E quais não abrirei mão?

Peça 5: O impacto positivo da superação não termina em você.

5 - Sabemos agora que qualquer ação que fazemos pode impactar não só você, mas o ambiente ao seu redor. Ter a consciência desse reflexo pode ajudá-lo na sua jornada de ativação para sua superação. Pensando assim, escreva dez impactos que a sua superação poderá influenciar, sendo ela em pessoas da sua família, do trabalho, no ambiente que vive e até mesmo no mundo.

5.1 - Qual sentimento você realmente acredita que o impacto de sua superação terá em outras pessoas?

5.2 - Sobre esse sentimento que as pessoas terão sobre a sua superação, como você se sentirá ao perceber esses sentimentos?

5.3 - De que forma você pode contribuir para que sua superação, ou atitudes do seu processo possa impactar o maior número de pessoas ao seu redor?

Peça 6: O tempo passa. Tá esperando o que?

6 - O tempo passa para todo mundo. O mais importante é sabermos o que estamos fazendo com o nosso tempo. Identificar lacunas que podemos preenchê-las de forma que nos ajudem a alavancar nossos resultados faz com que criemos estratégias mais assertivas durante o nosso processo de superação. Escreva em um papel qual o tempo você está reservando em sua agenda para praticar ações que te levarão para o estado desejado da sua superação.

6.1 - Estou evitando algo porque realmente não é o momento certo, ou estou com medo? Estou me sabotando automaticamente? O que estou realmente tentando evitar?

6.2 - Qual a intenção positiva ao evitar ações que te levarão para a superação?

6.3 - O que você já fez até hoje que mais te faz sentir orgulho?

6.4 - Qual a última vez que você negociou com sua preguiça? Escreva como foi essa negociação. E quem ganhou?

SEÇÃO 04

RESUL

TADOS

Viver é o melhor resultado de todos

Minha chegada a este mundo foi bastante agitada, dada a minha pouca idade. Foi um período tumultuado não só para mim, mas também para meus pais e toda a minha família. Passei quase 40 semanas em um lugar sereno e aconchegante, ocasionalmente agitado quando minha mãe se movimentava, mas eu estava sempre seguro, junto a ela. Quando me tiraram desse refúgio quente e confortável onde estive por semanas, abri meus olhos para uma luminosidade que em nada lembrava meu antigo lar. Notei pessoas e uma atividade desconhecidas, mas tudo se acalmou quando vi pela primeira vez o sorriso contagiante da minha mãe. Naturalmente, comecei a chorar até que me colocaram em seus braços, onde me senti calmo e protegido novamente. Ela mal sabia que eu tinha vindo a este vasto mundo para fazer a diferença.

Depois de algumas semanas na minha nova casa, tive que retornar ao hospital antes mesmo de completar 60 dias de vida. Desta vez, fui colocado numa mesa de cirurgia, pois precisava de uma intervenção urgente no crânio. A mesa era fria contra a minha pele, e uma luz forte brilhava sobre minha cabeça. Naquele momento, não compreendia o que estava acontecendo; só me lembro de que minha mãe não estava por perto. Pouco após meu nascimento, os médicos informaram à minha família que eu tinha um problema na cabeça que requeria a colocação de uma válvula para regular a pressão, sem a qual minhas chances de sobrevivência eram quase nulas. Posso apenas imaginar a preocupação de todos naquele tempo, percebendo a tensão ao meu redor. A certeza que eu tinha era que, após conhecer o mundo aqui fora, queria permanecer e fazer a diferença.

A cirurgia durou horas, em cima daquela mesa fria, mas eu permaneci firme e confiante, sentindo o forte apoio de todos para que o procedimento fosse bem-sucedido. Nada como um bom "ventilador" para uma mente destinada a se tornar uma fábrica de pensamentos. Após a cirurgia, fui levado de volta aos braços acolhedores da minha mãe, um momento histórico para nós dois. Finalmente, estávamos reunidos novamente.

Os anos passaram, e graças a Deus e ao Dr. Marco Aurélio e sua equipe, tudo correu bem. Durante algum tempo, tomei medicamentos para ajudar na recuperação, mas, desde então, não tive problemas relacionados àquela cirurgia. Como minha mãe costumava dizer, a válvula, instalada para aliviar a pressão, seria absorvida com o tempo, e assim aconteceu. Sem dúvida, esse foi o evento mais crucial da minha vida.

Tive suporte constante desde o meu nascimento até os dezoito anos, após os quais não precisei mais de medicação. Não foi um caminho fácil, mas o sucesso da minha recuperação foi graças à experiência dos médicos, aos avanços da medicina da época e, claro, ao apoio incondicional da minha mãe e de meus familiares. Hoje, tenho a oportunidade de escrever este livro e compartilhar com vocês o primeiro grande desafio da minha vida, que moldou todo o meu ser.

Viver é o melhor resultado que todos nós podemos alcançar. Sou grato todos os dias por esta dádiva, que é a fundação de todas as superações que tive, tenho e ainda terei em minha jornada. Sei que enfrentamos desafios, mas não há nada melhor do que acordar e respirar ao lado das pessoas que amamos.

Agradeço imensamente a oportunidade de compartilhar minha história neste livro. Espero que sua busca por resultados leve a consequências tão extraordinárias quanto as que tive: o dom precioso da vida.

Carlos Augusto Coelho
Minha Criança Interior

Capítulo 10

Resultado além dos números

*"Na vida, muita gente sabe o que fazer, mas poucos são aqueles que realmente fazem o que sabem. Saber não é o bastante!
É preciso que você entre em ação."*

(Anthony Robbins)

É um fato que toda ação que escolhemos empreender, independentemente de seus objetivos, possui um início, um desenvolvimento e uma conclusão. E as consequências dessas ações inevitavelmente nos trarão algum tipo de resultado, mesmo quando essas atividades, por algum motivo, não são levadas até o fim. Há sempre um término, mesmo que provisório. Quem nunca iniciou uma dieta e, por uma razão ou outra, interrompeu o processo antes de atingir o objetivo desejado? Ainda assim, talvez tenha adotado novos comportamentos, como fazer a matrícula na academia. Pode não ser o resultado esperado, mas já é um desvio do padrão anterior.

Existe uma grande confusão quando consideramos a palavra "resultado" em seu sentido mais bruto.

Já refletiu sobre o motivo pelo qual somos tão pressionados a buscar incansavelmente por resultados? Não falo apenas sobre os resultados corporativos, metas apresentadas, ou a gestão de nossas equipes, mas também sobre nossas metas pessoais. Emagrecer antes do verão, adquirir um carro mais novo, comprar uma viagem internacional, entre outros. Será que essa incessante busca é o verdadeiro motor para alcançarmos nossos objetivos? Não estou sugerindo que a procura por resultados seja equivocada, nem que não devamos estabelecer metas. O que questiono é a consciência real por trás dessa busca. Querendo ou não, um resultado sempre se apresentará. Mesmo sem tomar nenhuma ação, algum resultado se revelará, mesmo que seja parcial ou nulo.

No processo de elaboração de estratégias para alcançar resultados, existe uma linha tênue entre o que é saudável e o que não é. Há pessoas que moldam suas vidas em torno da necessidade de serem produtivas constantemente. Todo movimento que fazem deve gerar algum tipo de retorno positivo. E não é suficiente ser apenas positivo; deve ser excepcional, pois, caso contrário, elas podem se sentir inadequadas, inúteis e desvalorizadas. O crucial aqui é aprender a equilibrar expectativas, ambições e desejos desmedidos, não só para o autocuidado, mas para aproveitar o processo e ter uma compreensão mais clara de nossas próprias habilidades, o que considero ser o mais vital.

Uma das premissas importantes na busca por resultados é exercitar a mentalidade de que devemos encontrar nossa própria maneira de entregar resultados, respeitando nossos limites e, de certa forma, escapando dos estereótipos impostos por modelos antiquados.

O que vem antes do resultado?

Com os avanços tecnológicos, novos canais de interações sociais surgem constantemente, trazendo consigo novas formas de metrificar resultados. Mas, quando o resultado na metodologia S24H é em partes subjetivo, como saber se estamos no caminho certo? Será que obter centenas de visualizações nas redes sociais ou até mesmo atingir um milhão de seguidores é suficiente para considerarmos que alcançamos um patamar de resultados ou até mesmo o sucesso?

Reflita comigo: além de mais proteção com monitoramento proativo, suporte rápido e figurinhas exclusivas, o que leva uma pessoa a adquirir o selo azul de verificação do Instagram e pagar uma taxa mensal por ele? O que está por trás das estratégias das empresas quando elas buscam dobrar ou triplicar seu faturamento, ou expandir seus negócios em dez vezes mais?

Ao trazer o tema das redes sociais para este contexto, percebo que muitas pessoas são conduzidas, e às vezes frustradas, pela métrica da vaidade. Até que ponto vale a pena exposições desnecessárias para aumentar os números de uma postagem no Instagram? Será que postagens polêmicas, que de alguma forma impulsionam as visualizações, são as melhores estratégias para conectar pessoas ou criar oportunidades? Ou, no final, a pessoa apenas ganhou alguns "tapinhas nas costas" (likes)?

Não estou aqui para analisar comportamentos nas redes sociais ou polemizar sobre estratégias digitais, mas sim para trazer um novo olhar por trás dos números. Esqueça os resultados. Esqueça os números. Observe, através de sua essência, a verdadeira motivação para alcançar os resultados.

Para alcançarmos patamares elevados na numerologia proposta em nossas vidas, tanto profissional quanto pessoalmente, temos que ter clareza sobre o que buscamos e o que priorizamos. Essas respostas não estão nos resultados, mas nos detalhes que conduzem o sentido, as percepções e nossas atitudes em relação ao resultado desejado. Uma vez, um líder me disse que não podemos ter tudo, mas podemos escolher o que queremos no momento. Frequentemente, sofremos com ansiedade, estresse e preocupações excessivas porque nosso foco está totalmente no resultado final. Gastamos muita energia pensando no futuro e esquecemos as micro ações que, se trabalhadas de forma inteligente e consciente, nos levarão a resultados extraordinários.

Em uma das minhas viagens ao interior do Nordeste, encontrei um rapaz chamado José. Um jovem vendedor de cursos em uma franquia de escola de idiomas, sonhador e entusiasta, que tinha em seus olhos a paixão de se tornar piloto de avião. Em nossa conversa, ele compartilhou seus planos e seu desejo, mas mencionou que não conseguia estudar devido aos altos custos da qualificação. Ele tinha que cuidar de Joaquim, seu filho de 3 anos, após o falecimento de sua esposa em um acidente de carro. Quando questionado sobre o que estava fazendo para realizar seu sonho, ele respondeu que vivia esse sonho através da leitura, dos vídeos e dos conteúdos disponíveis na internet, pois ainda não tinha a possibilidade de se formar como piloto. Mas, naquele momento, tinha uma missão mais importante: ser o piloto na vida do seu filho.

Ter consciência do momento e de sua prioridade só fez sentido para José porque seu olhar estava nos detalhes. Não que ele tivesse deixado de sonhar, mas a vida lhe apresentou um novo capítulo, e mesmo com todas as dificuldades, ainda alimentava seu sonho de se tornar piloto. Naquela ocasião, sua escolha foi ser o melhor piloto na vida de seu filho Joaquim, mas isso era apenas um detalhe.

A essência do seu resultado

Minha grande missão ao escrever esta obra não é apenas apresentar uma metodologia com estratégias para sua superação, mas também provocar reflexões profundas. Acredito que, mais do que simplesmente compartilhar este conteúdo, o que realmente importa é a intensidade com que transmito minha essência ao relatar histórias, contextualizando-as para facilitar sua compreensão. Assim como José, cuja essência prevaleceu ao priorizar a criação de seu filho em vez de sua formação como piloto, descobrir essa verdadeira motivação faz nossa mente trabalhar a nosso favor. Quando estamos apaixonados por um objetivo, perdemos a noção do tempo. Desejaríamos dias mais longos, acordamos mais felizes, dormimos com mais tranquilidade e até trabalhamos aos finais de semana movidos pela realização pessoal. Seguimos a voz do coração, vivendo o presente sem a expectativa de grandes ganhos futuros. Nosso futuro é moldado pelas ações do presente. Pare e reflita: onde você estará daqui a cinco, dez ou quinze anos? Podemos imaginar, mas as certezas são inalcançáveis. O que é certo, contudo, é que as atitudes de hoje refletirão no seu futuro. Os resultados atuais estão alinhados com uma visão futura que ressoa com a verdadeira essência do seu ser?

Uma vez, um empresário de sucesso me contou que detestava ir à academia, mas mesmo assim frequentava uma próxima ao seu escritório todos os dias. Em uma reunião, questionei o que motivava alguém que odeia exercícios físicos a manter uma rotina de academia, uma disciplina que rivalizava com os rituais de suas reuniões de negócios. Ele explicou que, se cedesse ao "ódio" pelos exercícios, essa aversão se tornaria um sabotador de sua qualidade de vida. Apesar de sua carga de trabalho, ele sabia que, para desfrutar da vida e de seus ganhos, precisava manter a saúde. Assim, recondicionou sua mente para valorizar os benefícios futuros: uma vida mais saudável para desfrutar o tempo com seus netos. Naquele dia, ele compartilhou uma perspectiva que carrego comigo: "Rico é aquele que aproveita seu tempo, não necessariamente quem tem mais dinheiro. Dinheiro vem e vai, empresas são construídas e vendidas, mas o tempo, este ninguém pode comprar." A única certeza que temos é que o tempo passa. Ele deve ser nossa prioridade, e saber utilizá-lo da melhor maneira requer preparação e uma visão criteriosa.

9
8
7
6
5

Capítulo 11

Os pilares do resultado

"As doenças são os resultados não só dos nossos atos, mas também dos nossos pensamentos."

(Mahatma Gandhi)

Agora que você avançou por praticamente todas as seções deste livro, seu repertório sobre estratégias de superação certamente se expandiu. É evidente que a prática dos exercícios e a reflexão proporcionarão mais clareza para suas decisões, movendo-o em direção ao seu estado desejado. Contudo, algumas informações ficarão armazenadas em um canto da sua mente, esperando ser convocadas. No entanto, é crucial estar consciente de certos aspectos, pois são eles que o conduzirão ao seu objetivo final. O método SPAR é prático; basta empregá-lo conscientemente. Neste livro, trabalhamos juntos para lhe oferecer uma perspectiva mais nítida e estratégica para superar seus desafios, traçando uma linha divisória entre sonhar com a superação e efetivamente realizá-la. Lembre-se, a decisão final sempre será sua.

Ao longo do caminho para a superação, como discutido nos capítulos anteriores, os resultados se manifestarão em todas as fases. No entanto, existem aspectos dos resultados que precisamos compreender, estabelecendo uma conexão entre a importância deles no processo e nossa consciência sobre cada etapa. Podemos estruturar esse entendimento em quatro pilares, buscando compreender como cada ação pode ser moldada por um mecanismo de impulso para o próximo nível.

1 - Autoconsciência

Este pode ser considerado o pilar fundamental dos resultados, pois envolve a inteligência que emerge da introspecção. Ter consciência das consequências dos seus resultados e a certeza de que estão alinhados com seus verdadeiros desejos irá fortalecer suas estratégias de maneira significativa. Equilibrar emoção e razão nas tomadas de decisão nos conduz a uma sensibilidade ampliada em nossos modos de pensar e agir.

Certa vez, durante um seminário sobre liderança na Universidade de Ohio, nos Estados Unidos, ouvi de um professor que a fragilidade do resultado geralmente se encontra no processo de conscientização sobre ele. Ele argumentava que deveríamos questionar pelo menos cinco vezes a motivação principal por trás da busca por determinado resultado. Por exemplo, suponha que seu objetivo seja emagrecer. Ao se perguntar por que precisa perder peso, você obterá uma resposta. Depois dessa resposta, questione-se novamente e outra perspectiva surgirá. No quinto questionamento, você provavelmente terá uma compreensão clara da razão principal que impulsiona seu desejo de emagrecer. Pode parecer simples, mas não é uma tarefa fácil. Frequentemente, usamos máscaras para ocultar os verdadeiros motivos por trás de nossos desejos, às vezes por medo, insegurança ou até vergonha. Com isso, acabamos estruturando em nossa mente motivações distorcidas em nosso inconsciente, em vez de fortalecer os impulsos que refletem o verdadeiro significado daquele resultado para nós.

2 - Flexibilidade

Nem sempre o caminho que planejamos é o melhor. Ser flexível nos permite considerar novas rotas em direção ao nosso objetivo.

Explorar diferentes opções e exercitar a criatividade em novas maneiras de agir, pensar e realizar são estratégias para sermos mais adaptáveis com os resultados e, principalmente, conosco. Flexibilidade não significa falta de determinação ou foco, mas sim um cuidado consigo mesmo durante a jornada. A busca pelo resultado deve ser leve, criativa e flexível, ampliando nossa visão e possibilitando experiências que, talvez, não perceberíamos se estivéssemos presos a uma única perspectiva, principalmente quando nossas ideias e ações se mostram ineficazes. Ser flexível é uma atitude que nos leva além da zona de conforto. Isso é evolução.

3 - Foco

Uma palavra pequena, mas de grande significado quando se trata de resultados. Nada se concretiza sem foco. Muitos empreendedores, líderes e até mesmo você podem esquecer um elemento crucial: a disciplina no foco. Dizer que está focado na academia, nos estudos, ou nas metas da empresa é fácil. O desafio é demonstrar a si mesmo a sua verdadeira disciplina nesse foco. Disciplina e rituais de autogestão são estratégias vitais para evidenciar de forma clara se seu comportamento está alinhado com a intensidade do seu foco. O que motiva o foco é a vontade genuína de atingir um estado desejado. Quando o foco se dissipa, a disciplina e a motivação também se esvaem. Um ponto importante é observar, através de pequenas ações, o progresso de suas atitudes. Pode parecer óbvio, mas fatores psicológicos, fisiológicos e ambientais influenciam seu caminho para manter a disciplina no foco. Consciência sobre a importância da atividade física, uma boa qualidade de sono, um ambiente adequado para concentração e clareza na prioridade aumentarão sua disciplina consciente durante o processo. Acredite, isso me ajudou muito.

4 - Contribuição

A contribuição, no contexto dos pilares do resultado, refere-se ao entendimento do impacto que seu sucesso tem sobre os outros. Inicialmente, isso pode não parecer claro. Por exemplo, como pode o meu emagrecimento afetar os outros? Não é tão difícil de imaginar, mas muitas vezes não estamos acostumados a pensar assim. O emagrecimento pode, por exemplo, proporcionar-lhe mais qualidade de vida, permitindo que você tenha mais energia para brincar com seus filhos no futuro ou desfrutar de momentos mais saudáveis com amigos e familiares. Essa consciência de contribuição, além de empoderá-lo, faz com que seu resultado tenha um impacto maior do que simplesmente atingir um objetivo por atingir.

Algumas pessoas sabem o que precisam fazer, mas são raras aquelas que realmente colocam em prática o que sabem. Isso geralmente ocorre por dois motivos: ou porque não querem fazer, ou porque pulam etapas, muitas vezes por falta de um entendimento mais profundo. Assim, suas chances de alcançar o objetivo acabam sendo prejudicadas pela impulsividade e pela falta de consciência de sua real motivação na jornada para o resultado. Portanto, é essencial ter clareza sobre os pilares do resultado. Cultive a autoconsciência através da sua flexibilidade, do seu foco e da sua capacidade de contribuição.

Dessa forma, você terá a oportunidade de experimentar o processo do seu resultado de maneira mais autêntica e ativar sua criatividade ao formular novas estratégias para alcançar futuros objetivos em sua vida.

O impacto da decisão no meu resultado

Todo resultado, seja positivo ou negativo, é consequência de uma decisão tomada. As decisões podem ser conscientes, impulsivas ou até mesmo influenciadas pelo ambiente em que estamos. Independentemente de como são formuladas, elas invariavelmente levam a uma consequência.

Muitas vezes, o processo completo de tomada de decisão não é totalmente claro para nós. Quando optamos por um caminho, consideramos uma série de argumentos, sejam eles baseados na realidade ou produto de nossa imaginação, para nos auxiliar. Uma verdade se destaca: somos o resultado de nossas escolhas. Assim, qualquer resultado que alcançarmos em nossa vida é fruto de decisões que tomamos; portanto, tomar decisões de forma mais consciente pode trazer maior assertividade e satisfação em relação ao estado que desejamos atingir.

Gostaria de compartilhar com vocês quatro dimensões que, devido a elementos específicos, influenciarão suas tomadas de decisão, destacando o principal ativador em sua mente.

1 - Ação baseada no instinto

Essa decisão é pautada em nossos instintos mais naturais. Aquela função que nasce com a gente, e que faz a gente agir sem ao menos um direcionamento. Algo que fazemos sem um ensinamento prévio. Exemplo, que nos ensinou a mamar? Ninguém. Isso é uma decisão tomada de forma instintiva. Uma questão de sobrevivência. Esse tipo de decisão não existe uma racionalização. Outro exemplo é quando alguém corre um risco de vida e a outra pessoa por instinto a socorre, sem ao menos racionalizar o perigo em sua volta. Quem nunca assistiu alguma reportagem de "heroísmo" na TV?

Quando tomamos decisões com base no instinto normalmente recebemos questionamentos como "Você viu o que você fez?". Perguntas como essa traz uma reflexão sobre a forma que essa pessoa tomou para agir, sem ao menos racionalizar.

Agora você, normalmente você tem o hábito de agir instintivamente, e somente pensar sobre sua decisão após a sua tomada de decisão? Você lembra qual foi a última vez que isso ocorreu com você? E quais foram os resultados?

2 - Ação baseada em nossas percepções

Já discutimos como nossas percepções influenciam nossas ações, emoções e comportamentos em relação a nós mesmos e ao mundo. Muitas de nossas percepções são ativadas inconscientemente, e às vezes nem percebemos que nossos resultados são moldados por elas. Assim como as ações baseadas no instinto, as decisões tomadas a partir de nossas percepções também são irracionais, pois levam em conta emoções e sentimentos que nem sempre resultam nas melhores atitudes. Um indicativo de que nossas decisões estão sendo influenciadas por percepções é a carga emocional que sentimos ao decidir. Quem nunca, num momento de raiva, quis pedir demissão ou cancelar um compromisso após uma discussão com o(a) parceiro(a) horas antes de um encontro com amigos ou família?

Será que suas emoções estão assumindo um papel tão significativo que acabam afetando negativamente suas decisões recentes? É importante conscientizar-se dessa possibilidade, pois, nesse contexto, encontrar equilíbrio e reavaliar crenças podem ajudar você a tomar decisões mais racionais.

3 – Ação baseada em racionalização

Esta forma de ação ocorre quando conseguimos criar uma espécie de proteção, ou neutralização, contra as influências de crenças pré-estabelecidas que residem em nosso inconsciente durante o processo de tomada de decisão. Agimos com pensamentos mais sólidos e racionais. É quando fazemos uma pausa, respiramos fundo e analisamos as variáveis que podem surgir com a evolução daquela ação.

A ação baseada na racionalização demanda mais tempo e mais informações. Uma característica deste tipo de decisão é justamente o tempo, que nem sempre é rápido, pois a racionalização necessita de um período de maturação na curva de decisão, tornando o processo mais lento. Sempre que precisar tomar uma decisão, considere de forma realista os impactos e até mesmo crie duas hipóteses. Visualize mentalmente duas cenas: uma com você tomando a decisão pela emoção e outra pensando de forma mais racional. Avalie o impacto que cada uma terá no contexto.

4 - Ações baseadas em valores

Quando abordamos valores, estamos falando de algo muito pessoal e único. Sejam valores pessoais ou corporativos, eles possuem grande relevância. Ações baseadas em valores são decisões racionais, mas que consideram valores como morais, religiosos e pessoais. Por exemplo, se em uma organização o valor primordial é a honestidade, independentemente da posição ou dos resultados do colaborador, se houver qualquer indício de desonestidade, a empresa tomará a decisão de desligá-lo imediatamente.

Valores são inegociáveis e, se a empresa não os pratica de forma real e transparente, eles não terão impacto. Por isso, decisões baseadas em valores são racionais, são estabelecidas, comunicadas e, de certa forma, orientadas. No âmbito pessoal, se o seu valor principal for o respeito e você perceber qualquer situação no seu relacionamento que comprometa esse valor, a probabilidade de você optar por um rompimento é alta. Se refletirmos, quando enfrentamos uma decisão guiada por nossos valores, muitas vezes deixamos de lado sentimentos e vantagens para permanecermos fiéis às nossas convicções, renunciando, por vezes, a relacionamentos amorosos ou lucros significativos em nossos negócios. Ser coerente em nossas decisões é realizar um autojulgamento sobre nosso modo de perceber as variáveis, baseado em nossa verdadeira essência e no que realmente valorizamos acima de tudo em nossa vida.

Hierarquia do resultado

Nada se constrói isoladamente em um mundo cheio de variáveis. A conectividade é um elo para a evolução, e é crucial entendermos os movimentos e responsabilidades dentro de um fluxo de desenvolvimento. Se refletirmos, veremos que a hierarquia está presente em vários aspectos: na pirâmide do conhecimento, na gestão corporativa e até na estrutura familiar, dos pais para os filhos. Independentemente do contexto, sempre haverá um processo que precisamos compreender e explorar para melhorar nossas ações.

Na hierarquia do resultado, consideramos a soma de microprocessos que interferem diretamente no resultado final. Analisar os ambientes é essencial para se projetar para ações mais eficazes e se preparar para análises de situações fora do seu controle. Em qualquer estratégia de resultado, duas variáveis importantes são o ambiente externo e as incertezas. Por exemplo, se você tem uma empresa cujos produtos são pagos em dólar, e percebe que a moeda está se valorizando, isso indica a necessidade de ajustar sua estratégia, seja aumentando estoques ou reajustando preços, já que você não controla o valor do dólar. Isso é um impacto econômico. Outra situação: você planeja há anos uma viagem dos sonhos, mas um mês antes recebe uma proposta de emprego que começa na semana da viagem. Você pode tentar negociar, mas não há garantias de flexibilidade por parte do novo empregador.

O ambiente externo influencia nossos resultados direta e indiretamente. O objetivo aqui não é impor limites, mas conscientizar sobre o papel do ambiente externo nos seus resultados. Não podemos negligenciar essa análise. Imagine profissionais planejando uma transição de carreira e, inesperadamente, são desligados da empresa. Se não estiverem conscientes dos fatores externos e de seu impacto, isso pode comprometer todo o plano de transição. Ou pense numa festa de casamento ao ar livre que, na semana do evento, é surpreendida por dias de chuva. Esses são exemplos de por que precisamos entender os fatores externos e seus reflexos nos nossos resultados.

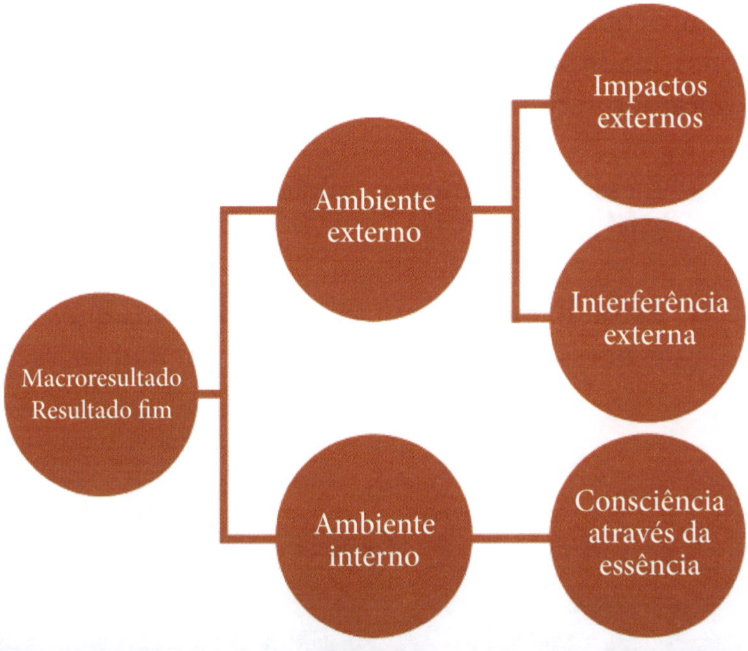

Por outro lado, o ambiente interno é um fator sobre o qual temos total controle. Dentro da hierarquia dos resultados, vivenciamos aprendizados de forma consciente, como já discutido nos capítulos anteriores. A expansão da nossa consciência em relação ao ambiente que nos circunda conduz a uma construção mais sólida de nossas ações, sem nos iludirmos com possíveis desvios de comportamento ou de pensamento.

Conhecer nossa posição atual e definir para onde queremos ir é essencial, mas é o controle sobre nossas ações em direção aos nossos objetivos que realmente faz a diferença. Quando dominamos a situação e estamos confortáveis com nossa capacidade de interpretação, conseguimos tomar decisões mais alinhadas com nossos objetivos. Compreender o que é realmente pertinente no momento da execução torna toda a construção de cada etapa mais tranquila.

Nossa confiança no processo é tão impactante que nos auxilia na autogestão de nossos objetivos. A autoconsciência envolve um profundo nível de honestidade conosco mesmos, ajudando-nos a responder perguntas como:

- "É esse realmente o resultado que estou buscando?"

- "Estou disposto a enfrentar os desafios que este processo envolve para alcançar meu objetivo?"

- "Estou responsabilizando os outros pela minha incapacidade de alcançar meus resultados?"

- "Esse resultado que busco é realmente algo de que preciso verdadeiramente?"

A hierarquia dos resultados nos ensina que é essencial entender suas conexões e como seus microambientes influenciam diretamente nos resultados. É importante saber que cada um deles tem seu papel e contribuição. Reconhecer o momento certo para dedicar mais atenção e aceitar que ajustes de rota são partes normais do processo pode ser um grande auxílio nesta jornada.

Não se esqueça da flexibilidade; ela será uma estratégia valiosa para as manobras que você precisará fazer ao avaliar a hierarquia dos seus resultados. A habilidade de se adaptar às mudanças, sem perder de vista o objetivo final, torna a caminhada por desafios e incertezas mais fácil, levando a decisões mais acertadas e resultados gratificantes.

A riqueza em entender o "porquê"

Durante muitos anos, tenho aprendido a explorar os aspectos mais profundos do ser humano, especialmente quando se trata de comportamentos relacionados à superação. A curiosidade me consome quando o assunto envolve essas questões. Decifrar o que está por trás das ações das pessoas me revitaliza de uma maneira surreal. Talvez eu não seja um PhD neste campo, e nem tenho isso como meu objetivo atual, mas sou, sem dúvida, um eterno aprendiz apaixonado pelo tema. Isso me permite identificar oportunidades que frequentemente passam despercebidas e ajudar pessoas como eu, que buscam a tão sonhada paz interior através da superação. Acredito que mais do que compreender o que se passa na mente das pessoas para agirem de uma nova maneira em busca de um resultado específico, o que realmente me motiva é analisar essas questões e proporcionar oportunidades de melhorias em suas vidas.

Cada investigação é única; cada pessoa possui suas particularidades na forma de pensar e agir, e conectar essas peças é o que completa o quebra-cabeça no final. Embora o comportamento humano e o pensamento sejam complexos, existe um padrão comportamental. Quando reconhecemos esse padrão em nós mesmos, iniciamos um modelo a ser seguido e moldado por nós, até que consigamos identificar e ajustar nossa postura em determinadas situações. Note que todos nós tendemos a repetir comportamentos, pois neles residem nossas representações primárias, aquelas imagens mentais profundamente enraizadas. Já refletiu sobre como sua mãe preparava a comida de domingo? Qual é o seu prato favorito desses almoços em família? Se eu perguntar o que você comeu no segundo domingo do mês, às 13h25, talvez você não se lembre, mas se eu questionar sobre o prato que sua mãe costumava fazer aos domingos, é provável que você consiga até sentir o sabor e o aroma neste exato momento em que lê este capítulo.

Mas você deve estar se perguntando como isso se relaciona com o tema deste livro. Posso assegurar que entender os "porquês" nos permite captar a essência de uma pessoa, seja ela seu cônjuge, filho, líder ou qualquer outro indivíduo. Essa compreensão é fundamental, pois nos conecta de maneira mais profunda com as motivações e comportamentos das pessoas, enriquecendo nossas interações e experiências humanas.

Como seria se você pudesse entender, ou melhor, identificar o que realmente motiva as pessoas mais importantes da sua vida? Imagine o quão extraordinário seria poder ajudar aqueles ao seu redor, compreendendo seus limites e gatilhos de empoderamento. Mas antes de tudo, precisamos estar cientes de que o que é importante para você pode não ser para outra pessoa. Cada um avalia a importância das coisas de acordo com sua própria perspectiva. Já esteve numa situação em que, após assistir a um filme que todos estão elogiando, um amigo seu, que viu o mesmo filme, o considera entediante? Percepções diferentes. Pessoas diferentes. Todos nós temos um sistema pelo qual interpretamos o que faz sentido para nós em determinados momentos e o que precisamos fazer para alcançar nossos objetivos.

Infelizmente, somos muitas vezes consumidos por inúmeras atividades no nosso dia a dia, o que nos impede de interpretar os significados das coisas ao nosso redor. Compreender a lógica e a racionalidade por trás dos comportamentos que motivam as pessoas nos ajudará a entender melhor os outros, sem pré-julgamentos. Se um colega de trabalho está frustrado com seus resultados e, além disso, enfrenta problemas familiares, descarregando suas emoções nos filhos, isso não significa que ele não ame seus filhos. Porém, seu comportamento, centrado em suas emoções, está inadequado. Não podemos julgar um profissional apenas porque em um determinado mês ele não alcançou sua meta, ao contrário de outros períodos em que pode ter se superado. É essencial entender que não somos definidos por um único comportamento. Somos mais do que uma ação isolada. Somos o conjunto de vários comportamentos, moldados por nossas percepções e visão de mundo.

O dramaturgo, romancista e jornalista irlandês George Bernard Shaw uma vez disse que "os homens são sábios não na proporção de sua experiência, mas de sua capacidade para a experiência."

Durante a elaboração deste livro, passei a estudar histórias de superação e, principalmente, o impacto de superar circunstâncias desafiadoras. Apesar dos obstáculos, muitas pessoas conseguiram desenvolver meios que as conduziram a um estado mais confortável. Por meio de casos como os de Alvarenga, Linda Franco, Hudney e até a minha própria história, pude exemplificar que nada mudaria em nossas vidas se não buscássemos uma nova maneira de enxergar e viver. Não que as experiências das pessoas mencionadas neste livro sejam mais ou menos importantes, mas todas elas foram moldadas por uma renovada convicção de viver. Nada e ninguém pode mudar a forma como nos sentimos, exceto nós mesmos.

Elementos como a maneira de sentir, de ver o mundo e o ambiente em que vivemos, a forma como nos questionamos, a consciência de nossos valores e as experiências que podemos adquirir com nossas ações podem nos elevar a um nível extraordinário e leve. Descobrir isso nos outros não é uma tarefa simples, mas é desafiadora. É fundamental entendermos a nós mesmos antes de tentar compreender os outros. Este livro ofereceu a você muitos insights por meio de histórias, teorias e exercícios. Agora, convido-o a mergulhar em sua própria jornada, pois posso garantir uma coisa: quanto mais você se conhecer, mais entenderá os outros. E nessa mesma jornada, você poderá ajudar outras pessoas a terem a mesma experiência que você, a oportunidade de se conhecerem e impactarem a vida daqueles que amam.

Capítulo 12

O poder dos seus sonhos

"Não deixe que os seus medos tomem o lugar dos seus sonhos."

(Walt Disney)

Começo este capítulo com uma frase que é muito significativa para mim e quero enfatizá-la para você neste último segmento. Mais do que apenas mencionar as palavras de Walt Disney, quero expandi-las dentro do nosso contexto de superação pessoal por meio da nossa essência. Desde criança, fui incentivado a sonhar, a imergir num mundo imaginário forjado pelos meus próprios sonhos. Ouso dizer que vivenciei todos os meus objetivos em minha mente antes mesmo de se concretizarem. E isso não acontecia apenas na infância, pois mantenho essa prática até hoje. Pode parecer estranho ou até infantil, mas não vejo dessa maneira. Acredito que essa forma de pensar sempre me beneficiou, continuando a me ajudar a mergulhar em minha imaginação ao planejar meus objetivos.

Já dediquei dias, noites, fins de semana, feriados e até madrugadas, visualizando em minha mente as cenas dos meus sonhos. Por vezes, fiz alterações nessas cenas porque, em minha imaginação, algo poderia ser melhorado. E então eu experimentava a cena outra vez. Sempre consegui ouvir, ver e sentir cada detalhe das cenas que criava. Para mim, esse é o maior benefício da nossa mente: o poder da imaginação, a capacidade de sonhar e de sentir o desejo reverberando em nossas vidas. Posso dizer com convicção que nunca tive medo de falhar. Claro, senti insegurança e preocupação, o que considero normal, mas nunca medo. Quando você está convencido de que seu sonho é essencial e trabalha em todas as frentes para realizá-lo, o resultado pode demorar, mas ele chega. Sempre digo às pessoas que me procuram para discutir seus objetivos que há uma regra que sigo: você deve acreditar, simplesmente acreditar. Não pode haver dúvidas quando se tem uma meta. Todos podem questionar seus sonhos, seus projetos, até seus resultados, mas você nunca deve fazer isso. Algumas pessoas abandonam seus sonhos por medo de sonhar. Mas não há nada mais gratificante do que fechar os olhos e sentir seus sonhos se tornando realidade, mesmo que apenas em sua imaginação.

Há momentos na vida, especialmente no início da nossa carreira, em que, por diversas razões, não começamos a trabalhar naquilo que estudamos. Dos meus cinco sobrinhos, João sempre foi o mais observador. Durante uma conversa pelo WhatsApp, ele compartilhou seus sentimentos sobre seu trabalho atual. Apesar de estar cursando psicologia, começou a trabalhar em um escritório de cobrança. Em nossas conversas, ele expressou o desejo de trabalhar em sua área de estudo e me perguntou sobre o começo da minha carreira. Contei que, quando tinha a idade dele, passei por várias experiências que, sem exceção, trouxeram grandes aprendizados. Uma dessas experiências foi vender revistas e livros usados na garagem de minha casa. Eu organizava e etiquetava tudo por tema, oferecendo-os às pessoas que passavam. Disse a ele que, naquela época, vendia livros de vários autores e que, agora, tenho meu próprio livro. E quem sabe, um dia, um jovem possa repetir essa história, com a diferença de que o livro em sua garagem será o que eu escrevi.

As 6 leis do empoderamento para superação dos resultados

Ao ouvirmos a palavra "empoderamento", imediatamente pensamos em algo forte e implacável. Esse tema é frequentemente abordado em artigos, livros e palestras relacionados ao comportamento humano e à gestão corporativa. Mas, afinal, o que é empoderamento? Como essa ferramenta atua em nossa vida no que se refere à superação?

Empoderamento é, essencialmente, um processo que utilizamos para fortalecer e validar nosso autoconhecimento e autoconfiança. O termo, derivado do inglês "empowerment", foi amplamente utilizado nos movimentos feministas dos Estados Unidos na década de 60. Ele se refere à autoridade ou ao poder concedido a alguém para realizar algo. Esses são movimentos que enfatizam nosso autoapreço, nossas origens e as características que nos diferenciam dos demais em nosso ambiente. No Brasil, o conceito ganhou força entre as décadas de 80 e 90, sendo frequentemente empregado no meio corporativo para estimular discursos de engajamento entre colaboradores e, posteriormente, nas redes sociais.

Todos nós enfrentamos, em nossa trajetória, situações em que desejamos acessar uma "poção mágica" de empoderamento para nos destacarmos em determinados episódios da vida cotidiana. Quem nunca procurou aquela força interior nos momentos mais desafiadores, como após um término de relacionamento, uma demissão ou mesmo em reuniões para apresentação de projetos?

Ao tratar do empoderamento para a superação de resultados, apresento as 6 Leis que servirão como diretrizes para fortalecer suas percepções durante o processo de desenvolvimento pelo método S24H. É importante ressaltar que elas são orientações e só terão um efeito concreto se fizerem sentido para você durante sua jornada de empoderamento e aprendizado. A seguir, contextualizarei cada lei, que consiste na superação de algumas crenças limitantes que podem surgir em seu caminho rumo à superação.

1. A Lei da Ordenação

No planejamento de suas ações para alcançar a superação, manter uma atitude disciplinada na ordenação é o primeiro passo para o sucesso. Um dos grandes empecilhos que encontramos é a procrastinação, muitas vezes causada pela falta de disciplina, que só nos distancia de nossos objetivos. Portanto, convido você a ativar esta Lei da Ordenação em um desafio pessoal de 7 dias, impondo ordem às atividades do seu dia a dia. Por exemplo, você pode:

- Eliminar o açúcar do café;
- Acordar 1 hora mais cedo;
- Dedicar 1 hora à leitura do livro S24H antes de dormir;
- Listar 10 qualidades suas todas as manhãs.

Escolha apenas uma dessas ações e comprometa-se com ela durante os próximos 7 dias. Se, por algum motivo, você falhar em um dia, deve reiniciar a contagem, até que seu cérebro assimile essa nova ordenação.

2 - A Lei do Experimento

Abraçar o novo é dar-se a oportunidade de desbravar o desconhecido. Quando estamos abertos a novas experiências e conscientes de que toda mudança vem com seus benefícios e desafios, nos preparamos melhor para reavaliar crenças profundamente enraizadas em nossa mente. Frequentemente, o medo do desconhecido nos impede de descobrir como poderíamos reagir diante de novas situações. Para ativar a Lei do Experimento, sugiro que, nos próximos 7 dias, você se permita vivenciar algo completamente novo, algo que nunca fez antes por conta de uma crença limitante. Por exemplo:

- Exercitar-se das 5h às 6h da manhã durante 7 dias;
- Oferecer almoço ou jantar para moradores de rua;
- Cozinhar um prato que nunca fez antes;
- Escrever com a mão não dominante.

Escolha uma atividade que seja um desafio e que permita superar uma crença limitante que você tinha antes desta prática.

3 – A Lei do Prazer

Nada é mais gratificante do que dedicar tempo a atividades que amamos ou que nos proporcionam uma sensação de contentamento. Refiro-me àquela paz interior que você sente ao fazer algo que gosta, aquela que faz você sorrir ao se olhar no espelho. Muitas vezes, devido à correria do dia a dia, deixamos de lado esses momentos prazerosos que certas atividades nos oferecem, focando mais nos problemas e pensamentos negativos. A Lei do Prazer sugere que você desfrute desses momentos que trazem uma experiência genuinamente agradável e leve. Nos próximos 7 dias, escolha conscientemente realizar ações que lhe proporcionem essa sensação. Por exemplo:

- Passe mais tempo do que o habitual com seus filhos, amigos ou cônjuge;
- Ouça uma música, assista a um filme ou a uma série que lhe traga boas recordações ou novas sensações;
- Jogue um jogo da sua infância e convide um amigo ou seus filhos para participar.

O objetivo aqui é simplesmente aproveitar, trazendo à tona aquela sensação única e prazerosa que você merece. Não vale dizer que não tem tempo, pois o tempo é uma questão de prioridade. Permitir-se momentos de prazer pode e deve estar entre as suas principais escolhas.

4 – A Lei do Critério

Viver com critério significa não se deixar levar pela "inverdade", tendo discernimento diante das circunstâncias que nos cercam. A ausência de critérios pode nos levar a armadilhas, deixando-nos aflitos, preocupados e ansiosos. Frequentemente criamos cenários catastróficos sem embasamento, imaginando que o passado era melhor que o presente ou temendo o futuro.

Para o desafio de 7 dias, sugiro que você pratique a avaliação de possibilidades reais e estabeleça estratégias para lidar com os pensamentos e situações. Por exemplo:

- Substitua cada pensamento negativo que surgir por dois positivos;
- Todos os dias, olhe-se no espelho pela manhã e diga: "Eu sou a pessoa mais importante da minha vida";
- Diante de cada problema que surgir, diga: "Isso não é um problema, é apenas mais um desafio que vou superar."

5 - Lei do Aprendizado

Muitas pessoas desviam-se do caminho da superação simplesmente por medo de errar. Algumas param de tentar ao enfrentar o primeiro erro, enquanto outras nem chegam a tentar, pensando nos obstáculos que podem encontrar. Mas quem disse que errar é errado? Considere que aprendemos algo novo todos os dias e que, para aprender, muitas vezes precisamos errar. Então, errar não é tão ruim assim, você concorda? No processo de superação, errar é um passo para o aprendizado, uma oportunidade de evolução e de construção de novas formas de alcançar nossos objetivos. A Lei do Aprendizado nos mostra que, ao estabelecer nossas metas, precisamos estar cientes e aceitar os erros genuínos, pois raramente erramos por querer. Na minha visão, errar é a falta de informação consciente que temos ao longo da jornada em busca da superação, e isso é parte do processo.

Desafie-se nos próximos 7 dias, sem rótulos ou pré-julgamentos, a exercitar uma das opções abaixo:

- ☑ Todas as noites, escreva pelo menos um aprendizado que você teve naquele dia;

- ☑ Reflita sobre 7 situações recentes, independentemente do resultado, e identifique os principais aprendizados em cada uma;

- ☑ Escreva uma carta para si contando sobre um grande aprendizado que você teve na infância e que levará para a vida, explicando por quê.

6 - Lei do Impacto

Há poucas coisas mais gratificantes do que ouvir alguém dizer: "Você impactou minha vida de uma maneira tão positiva." Frases como essa alimentam nossa alma, mostrando que nossas ações fizeram a diferença, não apenas para nós, mas também para os outros. Já refletimos sobre isso em páginas anteriores, mas você já pensou sobre o impacto que sua superação terá nos outros? É importante contemplar isso, pois pode reforçar em sua mente a responsabilidade que você carrega.

Para colocar em prática a Lei do Impacto, nos próximos 7 dias, sugiro que você realize uma das seguintes ações:

- Após o almoço, reflita sobre uma ação que você realizou naquele dia que teve um impacto positivo. Se até o horário do almoço você não tiver feito isso, terá até o final do dia para cumprir;

- Escreva sobre os impactos positivos que você trouxe para sua vida profissional, para a empresa, para seus colegas e para si mesmo;

- Acorde todos os dias, olhe-se no espelho e diga para si: "Eu te admiro. Eu confio em você. Eu te amo.

Estas leis e práticas são formas de reforçar sua jornada de crescimento pessoal, superação e impacto positivo no mundo ao seu redor.

A Roda da Superação através do S24H

Estamos próximos de chegar ao fim da leitura desta obra, mas não poderia deixar de apresentar uma ferramenta extraordinária e de grande impacto que vai poder auxiliar você durante o seu processo de evolução como pessoa, profissional, ou melhor, como SER HUMANO.

A Roda da Superação é um instrumento guiado pelos quatro pilares do método S.P.A.R.: SENTIDO, PERCEPÇÃO, ATITUDE e RESULTADO. Quando bem aplicada, esta ferramenta indica as lacunas que requerem mais da sua atenção. O mais importante ao utilizar esta ferramenta é preenchê-la de forma verdadeira e genuína. Ela não está aqui para ditar o certo ou o errado, mas para apresentar cenários que, através do método S.P.A.R, oferecem oportunidades para equilibrar os pilares mencionados. Mais do que as notas que você poderá atribuir, variando de 0 a 10, o que importa é o seu senso crítico, a reflexão sobre suas respostas. Tenha cuidado com os comportamentos sabotadores, pois eles podem influenciar no preenchimento mais preciso da Roda da Superação. Pessoas em momentos de baixa autoestima podem tender a se depreciar, enquanto aquelas com alta autoestima podem se exaltar diante das provocações do exercício. O equilíbrio é a chave para uma aplicação mais segura e eficaz. Lembre-se, você deve realizar este exercício após concluir todos os outros propostos neste livro, pois ele funcionará como um termômetro do seu estado atual após absorver os ensinamentos do método.

A seguir, apresentarei 10 orientações para uma condução mais efetiva nesta etapa. Proceda com muita atenção. Você se surpreenderá com o resultado e, mais ainda, conseguirá enxergar claramente as fases com oportunidades para um caminho mais assertivo rumo à sua superação. Vale ressaltar, a ferramenta é um meio, não um fim.

1 - Reserve este momento só para você. Escolha um lugar tranquilo e confortável. Este deve ser um momento de conexão entre você e seu interior.

2 - É proibida a intervenção de outras pessoas nas respostas. A ferramenta é sua. A reflexão é sua. A resposta será sua. A superação é sua.

3 – Envolva-se com as perguntas propostas para os exercícios. Adote uma perspectiva externa, livre das suas crenças limitantes e do senso comum. Quanto mais introspectivo for seu olhar, mais autênticas serão suas respostas.

4 - Registre suas respostas em um local à parte. Revise-as várias vezes. Escrever é um meio poderoso de absorção para nossa mente.

5 - Mantenha uma postura ativa em relação às suas reflexões. Não aceite suas respostas imediatamente. Questione-as. Certifique-se de que suas respostas sejam convincentes para você.

6 - Seja firme e coerente com os valores que você estabelecer para cada resposta. Lembre-se de que somos seres de dualidades; portanto, não se julgue. As notas de 0 a 10 são meramente métricas para dar tangibilidade às suas reflexões.

7 - Utilize cores ao preencher os espaços na Roda da Superação, já que o processo de colorir esses espaços tem um impacto significativo em sua estrutura mental.

8 - Contemple a sua Roda da Superação. Não a compare com a de amigos ou familiares. Como disse, ela é individual. Pare e observe-a. Visualize suas formas, suas cores, seus sentimentos. Concentrar seu olhar ajudará a compreender melhor possíveis discrepâncias.

9 - Procure analisar o equilíbrio da sua Roda da Superação e estabeleça suas metas e prazos de maneira estratégica para alcançar esse equilíbrio. Identifique as lacunas e estabeleça ações de melhoria.

10 - Faça uma nova aplicação da ferramenta apenas depois de colocar em prática todos os planos de ação nos aspectos que necessitavam de mais atenção para um equilíbrio aprimorado.

RODA SUPER

Perguntas pa
reflexão de co

DA
AÇÃO

derosas para
da etapa.

SENTIDO

Agora sabemos que o verdadeiro sentido da sua superação possui um impacto significativo em seu trajeto evolutivo. Com o mais genuíno dos sentimentos, numa escala de 0 a 10, qual é a certeza que você possui sobre o verdadeiro sentido da sua superação no exato momento atual de sua vida?

PERCEPÇÃO

As percepções que moldamos em nossa mente direcionam nossos comportamentos rumo à superação. Quais são as percepções limitantes que o impedem de progredir? Dê uma nota de 0 a 10 para a qualidade das suas percepções que o auxiliam a continuar em direção ao seu objetivo de superação.

ATITUDE

Analise suas atitudes recentes em relação ao seu objetivo. Considere como tem sido seu comportamento para cumprir prazos, planejamento, estratégias e a execução de micro ações. Avalie suas atitudes de forma sincera e dê uma nota de 0 a 10 para elas.

RESULTADOS

Nesta reflexão, pense nos pequenos resultados que você tem conquistado a cada passo em direção à sua superação. Não avalie o resultado da sua superação, mas sim os resultados intermediários que, somados, o conduzirão ao objetivo principal: sua superação. De maneira mais honesta e transparente consigo mesmo, avalie numa escala de 0 a 10 o impacto dos resultados alcançados até agora no caminho para atingir sua superação.

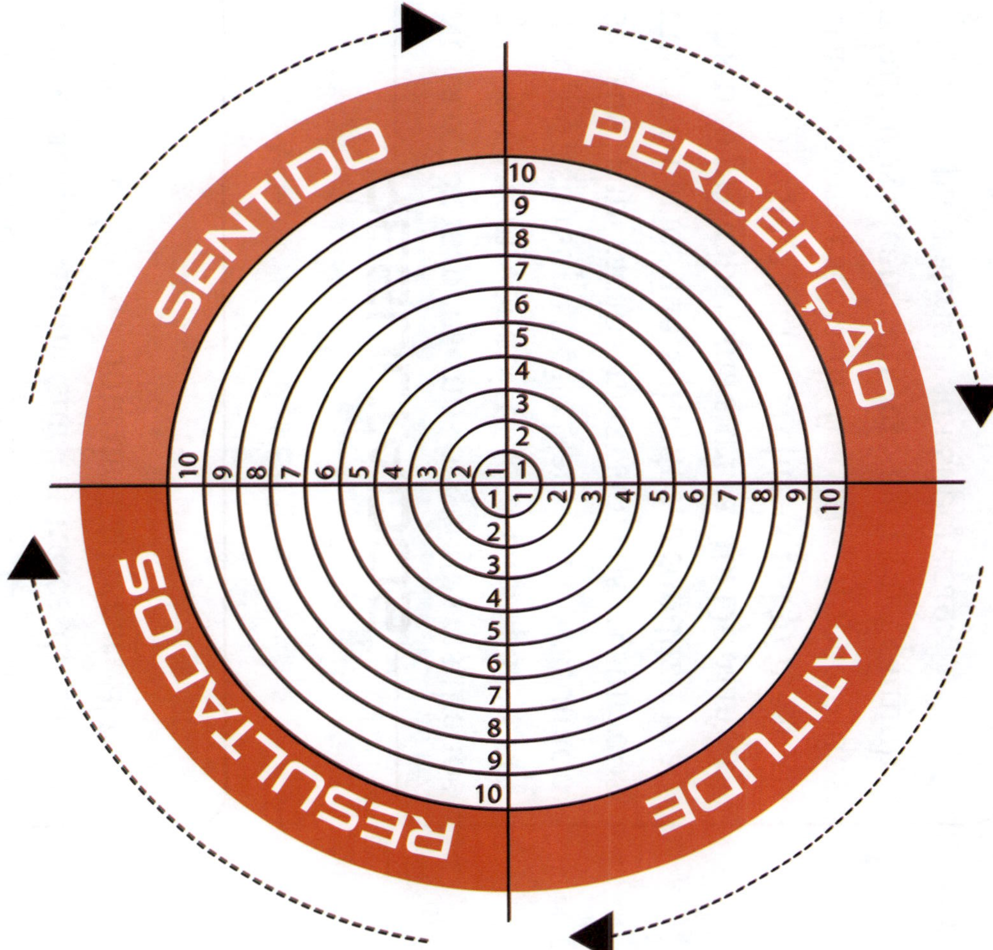
SENTIDO
PERCEPÇÃO
ATITUDE
RESULTADOS

Meus insights

A extraordinária emoção da superação

Ao longo de nossa jornada de vida, fomos agraciados por inúmeras experiências. Essas experiências nos conduziram a emoções que permanecem vivas em nossa mente até os dias de hoje. Viver uma emoção nos faz amadurecer em cada etapa de nossa existência neste mundo. O que seria do ser humano sem emoções e sentimentos? Esse mecanismo neurológico, que de certa forma orquestra movimentos nem sempre planejados, é mediado por neurotransmissores complexos e nos leva do ambiente seguro ao desconhecido. Experimentamos uma mistura de medo, insegurança e atração. Por exemplo, vibramos interna e muitas vezes externamente com as emoções e sentimentos provocados por momentos nostálgicos, como assistir a um filme, ouvir uma música especial ou relembrar fotos de momentos únicos e pessoas especiais em nossas vidas.

Neste momento, gostaria de convidá-lo a fazer uma viagem pelo seu passado, presente e futuro, explorando suas emoções. Relembre pessoas que, de alguma forma, o incentivaram, incentivam e continuarão incentivando a realização de seus objetivos. O que essas pessoas lhe diziam quando você tinha 7 ou 8 anos de idade? Quais palavras permanecem em sua memória? E no futuro, consegue imaginar quais seriam essas palavras? E hoje, o que elas dizem? Mais do que se ater às palavras, quero encorajá-lo a sentir as emoções ao reviver essas memórias em sua mente. Permita-se experienciar essas emoções e sentimentos. Reviver lembranças de emoções positivas é uma estratégia eficaz quando buscamos estímulos para nossas superações. Sentir as emoções do passado de forma nostálgica oxigena nossa mente para o reviver. Não há mal algum em acolher essas sensações.

É como na história das Mil e Uma Noites, onde, todas as noites, Sherazade contava uma história ao sultão, despertando seu interesse para evitar seu próprio sacrifício. No final, o prazer, a curiosidade e o desejo de ouvir uma nova história a cada dia fizeram com que o cruel soberano abandonasse seu plano e se apaixonasse pela jovem narradora. Ativar emoções positivas oxigena nossa mente, mas, na mesma medida, pode abrir espaço para sentimentos negativos. Todos nós passamos por essas oscilações, e é nesse ponto que precisamos escolher quais emoções queremos reviver e levar conosco em nossa jornada.

Infelizmente, o mundo enfrenta momentos desafiadores. As notícias na TV e conteúdos na internet, muitas vezes, potencializam sentimentos destrutivos. No entanto, assim como temos o controle para mudar de canal na TV, temos o poder de decidir qual caminho queremos seguir e nutrir. Vamos viver de forma leve. Vamos cultivar a arte de sonhar. Vamos dar as mãos à nossa criança interior e não permitir que o sentimento mais puro seja abalado por interferências externas: o nosso amor.

Peças essenciais do seu quebra-cabeça

Chegamos às últimas peças do quebra-cabeça que colocam em prática a sua compreensão nesta jornada da superação. Estamos na etapa final do S24H, a etapa RESULTADOS. Prefiro não dizer que é a última fase do seu processo, pois ele é infinito. Aprendemos e colocamos em prática novos conhecimentos todos os dias. Aqui, apresentamos as ferramentas, mas é você quem deve explorá-las em qualquer momento que julgar necessário. Este é um momento crucial para você, que percorreu estas quatro seções. Talvez no início tenham surgido dúvidas sobre o processo, mas você persistiu e chegou a uma etapa que chamo de "Despertar da Superação". Posso garantir que registrar suas compreensões sobre seus passos nesta metodologia trará insights importantes para a sua conquista. Agora que você absorveu 100% dos conteúdos desta obra, sua visão será ampliada, e você conseguirá transitar pelos labirintos da vida com mais segurança e agilidade. Quando temos clareza e estratégias assertivas focadas na nossa essência, a probabilidade de superação é muito maior do que imaginamos.

Perceba que suas respostas estão agora mais maduras e consistentes. Você sabe que as respostas que busca para a sua superação estão dentro de você. Só precisamos ativá-las. Nestes últimos exercícios que abordaremos sobre o tema RESULTADOS, criaremos uma somatória de todas as seções anteriores. Não se limite a responder os exercícios pensando apenas nos resultados imediatos, mas leve em consideração tudo o que aprendeu até aqui. Você irá se surpreender. Vamos lá?

06 PEÇAS DA SEÇÃO 4 – RESULTADOS

Utilize um diário ou caderno físico ou digital dedicado para as respostas das reflexões a seguir.

Peça 1: Resultado além dos números.

1 - Em nossas vidas, passamos por experiências que moldam nossas visões e crenças, algumas das quais podem ser limitantes ou distorcidas, formadas como mecanismos de defesa. Essas percepções podem ter origem em eventos da infância, adolescência ou mesmo do presente. Liste cinco crenças limitantes que você sente que estão impedindo seu progresso. Após identificá-las, reflita sobre suas origens e as influências que podem ter contribuído para sua formação. É vital abordar isso com um pensamento crítico e racional, buscando entender, em vez de julgar.

Peça 2: A essência do resultado.

2 - Identificar o que motiva seus esforços é crucial para alcançar a superação. O exercício aqui é reconhecer a verdadeira essência do seu desejo de sucesso. Se questionado sobre o principal benefício que você espera ao atingir seu objetivo, qual seria a sua resposta? Se essa resposta fosse questionada, levando você a considerar um benefício secundário, qual seria? Esse questionamento ajuda a revelar motivações subjacentes que talvez você não tenha percebido, oferecendo uma compreensão mais profunda das suas verdadeiras aspirações.

Peça 3: Os pilares do resultado.

3 – A flexibilidade muitas vezes é chave para superar obstáculos e alcançar resultados. Com sinceridade, identifique três desafios significativos que você acredita que poderiam impedir seu sucesso. Para cada um desses desafios, proponha cinco estratégias alternativas para contorná-los e, assim, alcançar seus objetivos. Ao elaborar várias estratégias para cada desafio, você desenvolve uma mentalidade de resiliência e preparação, facilitando a adaptação às mudanças e aos imprevistos no caminho para o seu sucesso.

Peça 4: Hierarquia de seus resultados.

4 - Reconhecer o que está além de nossa influência e o que podemos controlar é fundamental para uma jornada equilibrada e gratificante. Liste 3 fatores que afetam seus objetivos que estão além de seu controle e 3 situações em que você tem total domínio. Para os fatores fora de seu controle, reflita sobre o que você pode fazer, mesmo que indiretamente, para mitigar seu impacto. Como você se sente em relação a essas circunstâncias incontroláveis? Se elas afetassem negativamente seus resultados, qual seria o pior cenário? Qual seria sua estratégia de contingência ou plano alternativo?

Peça 5: O impacto da decisão em seu resultado.

5 - Responda com sinceridade, clareza e objetividade, alinhado à sua verdadeira essência: por que este resultado é tão importante para você?

5.1 - O que você está verdadeiramente disposto a sacrificar na sua vida para alcançar este resultado e do que você absolutamente não pode abrir mão?

5.2 - Vale a pena renunciar a certos benefícios para alcançar esse resultado específico? Por quê?

Peça 6: O poder dos seus sonhos.

6 - Os sonhos possuem um poder extraordinário, mas para isso, é necessário ter fé neles. Não estamos falando de fé no sentido religioso, mas sim da confiança profunda que você deposita na realização de seus sonhos. Convido você a responder às seguintes perguntas de maneira clara, objetiva e detalhada:

6.1 - Qual é o seu verdadeiro sonho? É genuinamente um sonho ou apenas um desejo passageiro?

6.2 - Como seria a realização prática desse sonho? Quem estaria presente nesse cenário ideal?

6.3 - Qual seria o sentimento das pessoas que estão com você nesse cenário?

6.4 - Você se sente autenticamente feliz nesse cenário imaginado?

6.5 - Se você tivesse a oportunidade de alterar esse sonho, ou seja, modificar o cenário que criou, como seria este novo momento?

6.6 - Neste cenário modificado, você se sente mais feliz ou menos feliz do que no primeiro? Por quê?

Conselhos finais

Deixe sua marca no mundo.

Com frequência, nos encontramos embriagados pela saudade. Essa sensação agridoce pode nos levar a pensar que determinados momentos se foram para sempre. Ela sutilmente sussurra que a magia vivida ontem pode nunca mais se repetir. Há quem diga que existem paixões inigualáveis, livros insubstituíveis, empresas extraordinárias e recantos incomparáveis. E, talvez, isso seja verdade.

No entanto, acreditar que o encanto das primeiras vezes se dissipou é uma armadilha. Reside no perigo de se acomodar, de se fechar em sua concha e se privar das maravilhas lá fora. Contrariando essa ideia, existem inúmeras experiências, interações e ambientes que têm o dom de reacender a chama da descoberta em nós.

Nesta obra, você aprendeu e refletiu com histórias extraordinárias de superação de pessoas como você. Pessoas que buscam a superação dentro de sua rotina de vida. Superações a que todos nós estamos vulneráveis a enfrentar. Aprendemos a importância de um sentido conectado com a nossa essência. Imaginamos cenários surpreendentes de nossos objetivos alcançados, e também, através das nossas respostas aos exercícios, redescobrimos o que estava adormecido dentro de nós mesmos. Acredite no poder singular que você tem. A vida nos apresenta, às vezes, circunstâncias que nos desafiam diariamente, e você tem a escolha de mudar. Não se limite. Não deixe seus sonhos serem abortados ou excluídos.

Pensemos no épico "As Mil e Uma Noites". A cada entardecer, Scheherazade tecia uma nova narrativa para o sultão, com o intuito de cativar sua atenção e salvar sua vida. No decorrer do tempo, o deleite, a ânsia e o desejo de se deleitar com um novo conto diariamente fizeram o sultão, outrora implacável, rejeitar qualquer pensamento de prejudicá-la, rendendo-se aos encantos da contadora.

Assim como o sultão se permitiu ser cativado por novas histórias, convido você, caro leitor, a se abrir para as infinitas possibilidades que o mundo lhe oferece. O livro S24H não é apenas uma coleção de conceitos, mas um convite à ação através da sua identidade, ou melhor, através da sua essência. Abra-se ao novo, revele-se nas experiências, aprenda, cresça e, acima de tudo, viva cada momento como se fosse uma obra de arte única. A vida, com todos os seus altos e baixos, espera por você. Abrace-a!

Minha eterna gratidão,
Carlos Coelho.